DIALOGUES SOUS LE CIEL ÉTOILÉ

conception graphique :
keppyroux.com

ISBN : 978-2-221-15730-5

Jean-Pierre Luminet
Hubert Reeves

DIALOGUES SOUS LE CIEL ÉTOILÉ

adaptés par
Iolande Cadrin-Rossignol

ROBERT LAFFONT

L'origine de ce livre est un long métrage documentaire intitulé : Du Big Bang au vivant, *qui met en scène deux immenses communicateurs scientifiques, Jean-Pierre Luminet et Hubert Reeves. Ils désirent, une nouvelle fois, partager leur science avec le plus grand nombre. Tout au long du livre, ils nous guident, nous éclairent, nous révèlent leurs quêtes et leurs émerveillements. Ce sont leurs voix qui nous racontent le cosmos et nous introduisent auprès de leurs collègues chercheurs : Edward C. Stone, du Jet Propulsion Laboratory de la NASA, Annie Baglin, de l'observatoire de Paris-Meudon, Richard Ellis, du Télescope géant européen (E-ELT), Norbert Bartel, de l'université de York, Ian Shelton, de l'université de Toronto, René Doyon, de la Chaire industrielle de recherche en astrophysique expérimentale (UdeM). Le long métrage documentaire,* Du Big Bang au vivant *a été coréalisé par Iolande Cadrin-Rossignol et Denis Blaquière en 2011, dans le cadre de la maison de production groupe ECP.*

Jean-Pierre Luminet, spécialiste des trous noirs et de la cosmologie, vit à Marseille. Prix européen de la communication scientifique, il est directeur de recherche au CNRS, membre du Laboratoire d'astrophysique de Marseille (LAM) et du Laboratoire Univers et Théories (LUTH) de l'observatoire de Paris-Meudon. Ses travaux sur les trous noirs et sur la cosmologie lui ont conféré un statut majeur au sein de la communauté scientifique mondiale. Maintes fois récompensé, membre de plusieurs académies, il aime conjuguer art et sciences comme poète, romancier, musicien et peintre. L'astéroïde (5523) 1991 PH8 porte son nom.

Hubert Reeves vit en France, travaille dans les étoiles, la cosmologie, l'écologie. Éminent astrophysicien, directeur de recherche au CNRS, récipiendaire d'innombrables honneurs, Hubert Reeves est le plus célèbre des communicateurs scientifiques de langue française. Connu par ses livres *Poussières d'étoiles* et *Patience dans l'azur*, il a décidé de mettre ses vastes connaissances, son talent de conteur et son indéniable charisme au service de la sauvegarde de la Terre, de la vie et de la défense de la dignité humaine. Il est président d'honneur de l'association française Humanité et Biodiversité. L'astéroïde (9631) 1993 SL6 porte son nom.

Au cours des quelques années nécessaires à la préparation et au tournage de deux projets de films documentaires[1], j'ai eu le privilège de fréquenter Hubert Reeves et Jean-Pierre Luminet. J'ai découvert à cette occasion et à travers eux que, dans le laboratoire grandeur nature du cosmos, l'humanité vit l'époque la plus fabuleuse de toute son histoire. Que des chercheurs passionnés sont sur le point de résoudre plusieurs grandes énigmes et de changer à jamais notre vision du monde. Malheureusement, nous tous, profanes en la matière, nous l'ignorons. Avec leur générosité habituelle, Jean-Pierre et Hubert ont soutenu le projet de faire un livre inspiré du long métrage, qui toucherait facilement le grand public, et auquel ils ajouteraient des perspectives inédites.

Leur grand talent de communicateurs scientifiques se mesure à la simplicité du propos et du ton. Ils nous racontent ici l'histoire du cosmos et le processus fascinant des découvertes en constante évolution. Pour mieux éclairer leurs dialogues, ils nous entraînent à la rencontre de quelques-uns de leurs collègues chercheurs, qui se sont démarqués par des expériences scientifiques hors du commun. Ce sont des explorateurs d'un nouveau genre qui ont réussi à projeter le génie humain aux confins mêmes du cosmos. Pour eux, le grand voyage à l'extérieur de notre système solaire a déjà commencé.

Les retombées scientifiques, la portée philosophique et anthropologique de cette entreprise sont considérables. La présence de l'être humain dans un tel univers lui confère à la fois noblesse et responsabilité. Ouvrons notre porte aux grands vents du cosmos !

Iolande Cadrin-Rossignol,
2016

1. *Du Big Bang au vivant*, 2011, et *Hubert Reeves – Conteur d'étoiles* (DVD, Éditions Montparnasse

SOMMAIRE

10

SOUS UNE PLUIE D'ÉTOILES

46

UN ZOO COSMIQUE

SOUS UNE PLUIE D'ÉTOILES

© ESO

Double page précédente

La nébuleuse de la Patte de Chat (NGC 6334) est une zone de formation stellaire très active de la Voie lactée.

LE SOIR TOMBE SUR UN VASTE JARDIN INTÉRIEUR, BORDÉ DE GRANDS ARBRES ET DE PAVILLONS AMBRÉS. IL FAIT BON. LE PARFUM DES ROSIERS RÉPOND AUX LUEURS DU SOLEIL COUCHANT.

Arrivés d'on ne sait où, deux hommes s'avancent, en poussant une petite charrette. Ils en sortent un objet étrange, un télescope amateur, qu'ils installent avec soin, non loin des transats qui les attendent, car l'heure de l'observation n'est pas encore venue. Notre œil, habitué à la lumière artificielle, a besoin de vingt minutes pour s'adapter parfaitement à l'obscurité. Pour regarder le ciel, rien ne vaut une bonne vieille chaise longue! convient Hubert Reeves, tout en tendant des jumelles à Jean-Pierre Luminet. Voilà qui en dit long sur ces deux hommes, ces deux conteurs d'étoiles, familiers des équipements les plus rares. Ils s'émerveillent encore de renouveler ce geste simple, fondateur de la connaissance de l'Univers: observer le ciel, presque à l'œil nu. Ils sont heureux de recréer pour eux-mêmes ce moment clé où Galilée aperçut les lunes de Jupiter, avec une petite lunette de sa fabrication.

Hubert: Souvenez-vous: c'était il y a quatre cents ans à peine. Moment unique dans l'histoire humaine, car depuis des millénaires, les astronomes devaient se satisfaire de mesurer à distance les trajectoires des astres qu'ils voyaient dans le ciel, puis d'en déduire les mécanismes et les lois à l'œil nu.
Jean-Pierre: Depuis cet extraordinaire moment galiléen, qui allait bouleverser notre trompeuse vision de la Terre comme centre du monde, le rythme des découvertes n'a cessé de s'accélérer. Parce qu'un nouveau royaume, une nouvelle frontière, s'offrait à l'imagination des chercheurs. De nos jours, ils sont dotés d'outils magiques, en quête de planètes qui abritent la vie. Ils s'interrogent même sur la possibilité que notre univers ne soit pas le seul, qu'il existe d'autres univers. Pourtant, les grandes questions demeurent: D'où venons-nous? Où allons-nous? Sommes-nous seuls dans l'Univers?

Maintenant, la nuit est complètement tombée dans le jardin, nous sommes en plein mystère, devant l'immensité du ciel.
Hubert: Si ces grandes questions demeurent, il n'en reste pas moins que nous avons fait des découvertes fabuleuses au XXe siècle. Nous avons désormais d'innombrables preuves que nous sommes les héritiers d'un univers gigantesque, démesuré par rapport à notre brève existence. Mais nous savons aussi qu'il s'agit là de la juste mesure sans laquelle la vie, notre vie, n'aurait jamais pu éclore. C'est la grande leçon de l'astronomie contemporaine.
Jean-Pierre: Il aura fallu ces débauches d'espace et de temps pour que des étoiles puissent naître, puis fabriquer lentement, patiemment, les atomes dont sont faits aussi bien les planètes, les bactéries que les humains. Ainsi, le calcium dans nos os, le fer qui circule dans notre sang, toutes les particules de matière qui nous habitent, et nous entourent, ont été forgés dans le cosmos.

Auprès du télescope amateur, Jean-Pierre et Hubert s'activent à faire la mise au point sur le ciel. À l'œil nu, on ne peut percevoir que quelques milliers d'étoiles. Et pourtant, quel spectacle! Dans les temps anciens, cette nuit noire était sacrée. Elle le demeure d'une certaine manière, puisque les astronomes contemporains s'immergent avec ferveur dans l'étude de ce qui se trouve dans ce noir, dans cet invisible, cet «entre les étoiles». Pour eux, il est tout aussi essentiel à déchiffrer que la lumière. Jean-Pierre fixe la constellation de Cassiopée.

Jean-Pierre:

Une découverte majeure, inattendue, est venue confirmer de savants calculs pour vérifier l'hypothèse que l'Univers est véritablement en changement. C'est là l'une des percées scientifiques fascinantes que nous allons vous raconter.

Hubert: Très tôt, une étrange question s'est posée à ceux qui ont levé les yeux vers le ciel: pourquoi la nuit est-elle noire? Car la disparition du soleil ne saurait tout expliquer. Pourquoi ces luminaires ne nous éclairent-ils pas? Pourquoi ne percevons-nous que cette «obscure clarté qui tombe des étoiles», comme l'écrivait Corneille? Cette simple question a hanté l'humanité jusqu'au XXe siècle. Et pour cause! Car tenter d'y répondre a des conséquences énormes, non seulement en astronomie, mais sur toute notre façon de concevoir le monde. En effet, s'il y a des étoiles dans toutes les directions et qu'elles brillent depuis toujours, la voûte céleste ne devrait-elle pas être entièrement lumineuse? Et si, au contraire, la lumière des étoiles ne nous est pas encore parvenue totalement, cela n'implique-t-il pas que l'Univers évolue, qu'il est en changement? Qu'il a une histoire? Voire même qu'il n'a pas toujours existé? Or, cette idée semblait absolument inconcevable jusqu'en 1960. La plupart des astronomes, même les plus brillants, soutenaient l'idée que l'Univers était statique, éternel, homogène et infini. Voilà pourquoi cette question a suscité d'intenses querelles, théologiques, philosophiques et scientifiques jusqu'au milieu du XXe siècle.

Pour l'heure, nos deux amis contemplent la portion visible de la Voie lactée. Les étoiles sont si brillantes et si nombreuses qu'ils ont l'impression de pouvoir les toucher.

Hubert: Nous faisons tout simplement ce que font des millions de profanes dans le monde! Dotés d'instruments de grande qualité, ils arrivent à repérer des objets imprévus, qui échappent aux grands télescopes professionnels, programmés à l'avance. Ce sont souvent eux qui, les premiers, identifient et rapportent aux grands observatoires la présence de comètes, d'astéroïdes, de supernovae.

Jean-Pierre: Du reste, il ne faudrait pas oublier que c'est un amateur – le grand philosophe Emmanuel Kant – qui a imaginé le premier que pourraient exister d'autres galaxies que la nôtre. Il les avait qualifiées du nom intéressant d'«univers-îles». Cependant, cette intuition fulgurante dut attendre deux cents ans avant d'être confirmée. Ce n'est qu'en 1925 qu'Edwin Hubble a découvert que la nébuleuse d'Andromède formait, en réalité, une autre galaxie.

Au nom d'Andromède, Hubert nous invite au télescope, un sourire dans la voix.

Hubert:

Vous pouvez la voir, ce soir, cette galaxie d'Andromède… Regardez-la bien… Savez-vous qu'elle nous apparaît telle qu'elle était il y a deux millions d'années? Car, regarder loin, c'est regarder tôt. Nous, les astronomes, nous possédons ce dont rêvent les historiens: une machine à remonter le temps.

Puisque nous connaissons la vitesse invariable de la lumière, nous savons que lorsque nous regardons le soleil se coucher, il a déjà disparu de l'horizon, depuis… huit minutes! Tout récemment, des outils d'observation très puissants ont permis de découvrir des galaxies primitives, les plus anciennes connues à ce jour, particulièrement brillantes et massives, dont la lumière a mis treize milliards d'années pour nous parvenir! Est-ce qu'elle existe encore? Nous n'en savons rien!

Il n'y a donc pas cent ans que les astronomes ont la preuve non seulement que l'Univers est gigantesque, mais qu'il évolue, qu'il a une histoire. Mieux encore: les scientifiques savent désormais que trois histoires s'emboîtent les unes dans les autres: celle de l'Univers, celle de la matière et celle de la vie. Il est incontestable qu'il s'agit là de la découverte la plus significative du XXe siècle. Et pourtant, au moment où Einstein élaborait ses grandes théories, cette découverte révolutionnaire n'avait pas encore été faite. Ce génie ne pouvait pas soupçonner les dimensions extravagantes du cosmos, que nous connaissons aujourd'hui.

Jean-Pierre: Il faut être prudent avec les interprétations philosophiques de cette grande découverte. Je pense que les trois histoires de l'Univers, de la matière et de la vie se sont bien emboîtées (au moins sur Terre en ce qui concerne la vie), mais ce n'était pas du tout joué d'avance! Je veux dire par là que l'apparition de la matière, et encore plus celle de la vie n'étaient pas programmées dans les conditions initiales de l'Univers. Selon moi, une suite d'extraordinaires hasards a permis leur émergence, ce qui les rend d'ailleurs d'autant plus précieuses!

Soudain, la nuit devient, nous semble-t-il, plus profonde, plus vaste, plus émouvante. Un grand silence nous habite. Il est vrai que depuis cinquante ans, tout a changé en astronomie. En ce moment même, loin au-dessus de nos têtes, invisibles dans les ténèbres, naviguent des centaines de sondes, de télescopes, de satellites, qui transforment jour après jour la conception du monde dans lequel nous vivons. Depuis que les fastidieux calculs – indispensables – ont été confiés à des ordinateurs ultra-performants et les prises de vues à des capteurs photographiques de plus en plus rapides, les astronomes vont de découverte en découverte. Trous noirs, amas de galaxies, matière sombre, molécules propices à l'apparition de la vie… Ces chercheurs passionnés ont même réussi à développer des outils capables de fouiller et de décrypter les confins de l'Univers.

Jean-Pierre: Ils méritent d'être reconnus. Nous vivons à une époque paradoxale, car, comme l'écrivait le célèbre astronome américain Carl Sagan, toujours plus d'espace médiatique semble consacré aux pseudosciences qu'aux sciences véritables. Par conséquent, comment les profanes pourraient-ils connaître ces nouveaux explorateurs dont ils n'entendent jamais parler?

Savez-vous qu'autour des huit planètes de notre système solaire orbitent 173 lunes confirmées, et que des dizaines d'autres restent à découvrir? Que les étoiles naissent, vivent et meurent? Qu'un bon nombre d'entre elles vivent en couple? Que le Soleil chante? Qu'un trou noir domine le centre de notre Voie lactée? Qu'en moins de vingt ans, près de 2000 planètes ont été découvertes autour d'étoiles lointaines? Que la moitié de l'eau présente sur terre est plus âgée que le Soleil et provient de l'espace interstellaire? Comment pouvons-nous affirmer de telles choses?

Parce que des chercheurs du monde entier se sont acharnés à les découvrir et à les prouver. Qui sont donc ces visionnaires, qui, à l'échelle planétaire, contribuent, dans leurs domaines respectifs, à l'essor fulgurant de l'astronomie, de l'astrophysique, de la cosmologie, de la planétologie, de l'astrobiologie, de l'archéoastronomie ?
Hubert: Plusieurs de ces chercheurs sont très accessibles. À un moment donné ou l'autre de notre carrière, nous avons tous été en relation.
Jean-Pierre: Nous connaissons leurs travaux. Il serait passionnant de faire en leur compagnie un véritable périple d'exploration des données les plus récentes et de lever le voile sur les découvertes les plus pointues de l'astronomie et de la cosmologie contemporaines.
Hubert: Pourquoi ne pas commencer notre périple dans notre arrière-cour cosmique, le Système solaire ? Il suffit de se rendre à Pasadena, en Californie, où se trouve Edward C. Stone, de la NASA. Je l'ai connu, car j'y ai moi-même travaillé un moment, dans les années 1960, qui furent si marquantes en astrophysique et en cosmologie. C'est depuis le JPL – le Jet Propulsion Laboratory – que sont gérées la plupart des missions d'exploration du Système solaire. Tous les chercheurs ont été stupéfiés par la variété des phénomènes physiques et des éléments chimiques qui le composent. C'est pourtant notre banlieue proche.

JUSQU'AUX CONFINS DU SYSTÈME SOLAIRE

Au sud des États-Unis se trouve Pasadena, une petite ville aménagée dans la vallée des monts San Gabriel, à quinze kilomètres au nord-est de Los Angeles. Petite oasis d'arts et de sciences, elle s'est développée autour de la culture des citrons avant de devenir le lieu principal du célèbre Institut de technologie de Californie (Caltech). Son architecture variée reflète ses origines aborigènes, mexicaines et, plus tard, une certaine influence asiatique. Avec son vaste jardin botanique, ses musées d'art et d'histoire, ses institutions universitaires et théâtrales de haut niveau, elle attire des visiteurs du monde entier.

Le Jet Propulsion Laboratory occupe 177 hectares, légèrement en marge de la ville. Il n'est pas aisé d'y pénétrer, parce que, évidemment, toutes sortes d'autorisations y sont requises : ce lieu abrite de multiples secrets de fabrication.

Jean-Pierre: Ce n'est pas rien, d'autant que je porte les mêmes initiales que le laboratoire, JPL ! Ce laboratoire est responsable de toute la robotique nécessaire aux vols non habités de l'exploration spatiale américaine. C'est là qu'ont été conçus et gérés la majorité des sondes voyageant dans le Système solaire ainsi que les principaux télescopes embarqués dans l'espace. C'est là aussi qu'on pilote le télescope spatial infrarouge Spitzer, ou encore qu'on surveille les astéroïdes qui peuvent menacer la Terre.
Hubert: L'aventure de mon collègue Edward C. Stone est exceptionnelle. Il est chef de mission d'un programme d'exploration, *Voyager*, dont les deux sondes lancées en 1977 ont maintenant quitté la zone d'influence magnétique du Soleil, sans avoir jamais perdu contact avec la Terre.

Elles renvoient encore des données à Ed, qui les compile et les étudie avec son équipe.

Ed Stone est un homme grand, mince, affable et fort modeste, totalement investi dans l'illustre projet des sondes Voyager. *Il travaille au centre de contrôle du JPL, une vaste salle bien connue de tous ceux qui ont suivi à la télévision les exploits récents des sondes automatiques à l'œuvre sur Mars :* Odyssey, Spirit, Curiosity. *Dans une atmosphère bleutée, feutrée, on trouve de grandes tables garnies d'écrans, de tableaux de bord, un vaste écran central… Voilà ce à quoi ressemble l'intérieur sévère de ce temple de la science, à l'origine de dizaines d'explorations spatiales robotisées.*

Le grand moment arrive. Avec sobriété, Ed Stone lit les données envoyées par Voyager 1, *qui s'inscrivent sur un petit écran haut perché. Elles ont mis plus de trente-sept heures à nous parvenir, car elles ont dû parcourir la distance faramineuse de plus de 20 milliards de kilomètres. Instant d'émotion.*

Nous sommes en contact avec le premier objet humain qui ait franchi l'une des frontières connues du Système solaire – celle qui délimite la zone d'influence magnétique du Soleil –, et qui soit pratiquement arrivé « entre les étoiles ».

Sous l'habile direction d'Ed Stone, ces sondes ont déjoué tous les calculs prévisionnels de performance et de durée. Lancée il y a quarante ans, Voyager 1 *possède deux cent soixante-dix mille fois moins de mémoire qu'un portable, n'a pas de véritable processeur, et son signal d'émission radio est extrêmement faible. Par ailleurs, les technologies servant à capter ce signal ont beaucoup évolué depuis les années 1980. Leur nouvelle puissance nous permet de décrypter ces lointains messages.*

Ed Stone : Aucun d'entre nous ne savait jusqu'où s'étendait la gigantesque bulle magnétique du Soleil, ni combien de temps nos sondes pourraient tenir la route dans cet espace inexploré. Cette mission d'exploration du Système solaire est sans conteste la plus innovante et la plus féconde de toute l'histoire spatiale.

Ed Stone déploie sous nos yeux une série d'images captées par les sondes. Elles sont toutes plus spectaculaires les unes que les autres.

Ed Stone : Le Système solaire est un merveilleux laboratoire pour mieux comprendre comment les planètes se forment et évoluent, et donc, pour étudier les nombreux autres systèmes planétaires que nous découvrons en ce moment grâce au télescope spatial Kepler – lancé par la NASA en 2009. Quand nous arriverons, un jour, à interpréter les informations en provenance d'exoplanètes lointaines, ce sera grâce à cette étude systématique de notre propre système solaire, qui pour l'instant est le seul à notre portée.

Car notre système solaire est à l'image même du cosmos. Il est beaucoup plus turbulent, plus complexe et surtout plus étrange que nous ne le pensions. Nos connaissances ne cessent d'être chamboulées par les données et les images que nous transmettent les instruments partis à la découverte des milliers de corps célestes qui le forment. Avant l'ère spatiale, nous étions persuadés que ces planètes, apparues au même moment que la Terre, étaient composées de la même façon et des mêmes matériaux. Quelle erreur ! Même Pluton, maintenant qualifiée de planète naine, n'a pas été négligée. Elle vient tout juste de nous livrer ses secrets, grâce à la sonde spatiale *New Horizons* qui l'a survolée de près en juillet 2015. Pluton vit en couple avec sa lune Charon, presque aussi grosse qu'elle, et possède quatre autres petites lunes qui font autour d'elle une danse chaotique…

Jean-Pierre: Avant d'aller visiter ces planètes fascinantes avec les sondes *Voyager*, reprenons la composition du Système solaire. Il comprend une étoile – le Soleil – et huit planètes principales – peut-être neuf si la présence d'une nouvelle planète bien plus lointaine se confirme. Elles gravitent autour de lui, accompagnées de leurs satellites naturels, qu'on appelle des lunes. Autour du Soleil, on trouve également des centaines de milliers d'autres petits corps célestes, des planètes naines, des astéroïdes et des comètes. Tout récemment, en janvier 2016, des astronomes américains ont annoncé avoir découvert par le calcul une nouvelle planète géante qui serait dix fois plus massive que notre Terre et orbiterait vingt fois plus loin que Neptune. Selon eux, cette «neuvième» planète serait responsable des trajectoires bizarres suivies par plusieurs planètes naines découvertes et observées depuis une dizaine d'années. Cela rappelle l'histoire de la planète Neptune qui, tenue pour responsable des anomalies constatées sur l'orbite d'Uranus, avait également été découverte par le calcul au XIXe siècle, avant d'être confirmée par l'observation télescopique. Dans le cas présent, l'avenir nous dira si cette neuvième grosse planète existe ou pas. En tout état de cause nous sommes encore loin d'avoir dévoilé toute la richesse de notre système solaire, qui est véritablement immense.

Tous ces objets, même les plus lointains, obéissent à la loi du vent solaire, jusqu'à l'espace interstellaire dans lequel la sonde Voyager 1 *pénètre actuellement. Mais le vrai Système solaire, c'est-à-dire l'ensemble de tous les corps qui restent liés au Soleil par la gravitation, s'étend encore beaucoup plus loin !*

LA TAILLE DE NOTRE SYSTÈME SOLAIRE

UN JEU D'ÉCHELLE PAR JEAN-PIERRE LUMINET

Il est bien vrai que les dimensions du Système solaire se mesurent en dizaines de milliards de kilomètres, mais ce sont des chiffres trop grands, qui ne nous parlent guère. Pour nous rendre perceptibles les véritables dimensions du Système solaire, je vous propose un jeu d'échelle par lequel nous allons réduire toutes les distances afin de nous les rendre familières. Réduisons donc le Soleil à la taille d'une bille de 1 centimètre et replaçons tous les autres corps du Système solaire. À cette échelle :

- **La Terre est un petit grain de sable à peine visible, qui fait le tour du Soleil en un an, à 1 mètre de lui.**

• Jupiter est un grain de sable un peu plus gros qui se trouve à 5 mètres.
• Neptune et Pluton se trouvent à environ 40 mètres.
• La frontière magnétique du Système solaire et les sondes Voyager sont à 100 mètres.
• Le nuage d'Oort, halo de tous les corps liés à l'attraction gravitationnelle du Soleil, s'étend jusqu'à... 100 kilomètres ! Cela veut dire que l'empire gravitationnel du Soleil est mille fois plus étendu que son empire magnétique.
• Proxima du Centaure, l'étoile voisine, autre bille de 1 centimètre à cette échelle, est à 300 kilomètres.

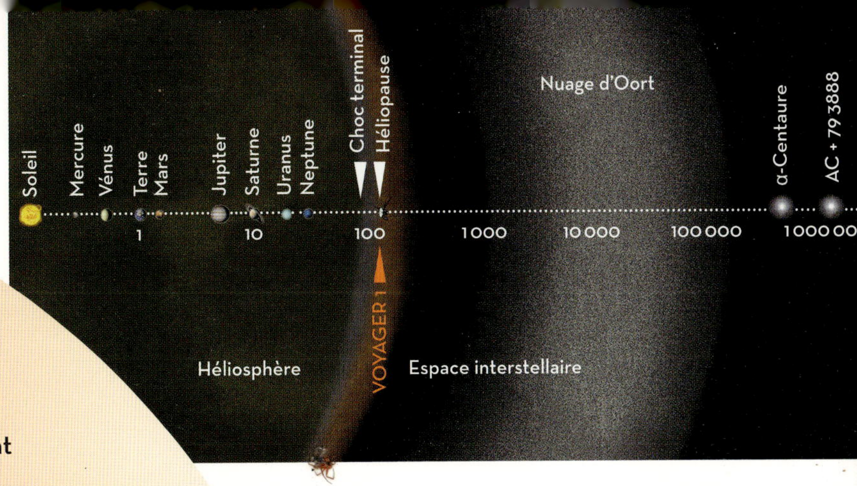

Vue d'artiste des distances entre le Système solaire et l'espace interstellaire. La sonde Voyager 1 *est à plus de 20 milliards de kilomètres de la Terre. L'étoile voisine, Proxima du Centaure, est à plus de 40 000 milliards de kilomètres, vingt mille fois plus loin que* Voyager 1.

L'aventure des sondes Voyager

RACONTÉE PAR EDWARD C. STONE

« La mission *Voyager* a été conçue pour tirer parti d'un alignement très rare de quatre planètes : Jupiter, Saturne, Uranus et Neptune, qui allait se produire à compter de 1977, au moment de leurs lancements respectifs. Cet alignement remarquable n'a lieu que tous les cent soixante-seize ans. Pourquoi était-ce si important ? Parce qu'en utilisant les particularités de cet alignement, la visite de quatre planètes prenait un minimum de temps et de carburant. Avec cette technique, le temps de vol de la sonde *Voyager 2* vers Neptune, la planète la plus lointaine, a été réduit de trente ans à douze ans. Nous appelons cette technique l'"assistance gravitationnelle".

Lorsqu'une sonde survole une planète, nous la faisons entrer dans son champ d'attraction ou de gravité, qui agit comme une fronde et relance la sonde à des vitesses considérables sans qu'elle ait besoin d'utiliser du carburant ou de lourds propulseurs. À chacune des planètes rencontrées, les sondes ont donc repris de l'élan et nous ont fait gagner des années d'exploration, et beaucoup d'énergie.

Leur objectif premier était de documenter les planètes Jupiter et Saturne. Plus de 10 000 trajectoires ont été étudiées avant d'en choisir une, en espérant qu'elle serait la meilleure. Nous ne savions pas alors que ces sondes tiendraient le coup pendant quarante ans et que leur mission deviendrait interstellaire.

Voyager 1, *l'une des deux sondes spatiales toujours en fonction après 40 ans d'exploration. (Vue d'artiste.)*

Ce fut un choc de découvrir la complexité et la diversité du Système solaire. Nous avons dénombré pour la première fois plus de 165 lunes autour des quatre géantes gazeuses. Nous avons découvert aussi plusieurs nouveaux types d'anneaux autour de Saturne, puis de Neptune et d'Uranus, que nous avons eu l'occasion exceptionnelle d'explorer par la suite. Nous avons surtout découvert que chacune de ces planètes, chacune de ces lunes, même, est unique et possède une histoire géologique qui lui est propre, une évolution qui n'appartient qu'à elle.

Les quatre géantes gazeuses sont très différentes des quatre planètes rocheuses – la Terre, Mercure, Vénus et Mars –, car ce sont de gigantesques globes composés de liquides et de gaz. Elles sont surtout faites d'hydrogène et d'hélium, tout comme notre soleil, mais en version miniature – si l'on peut parler de miniature quand on sait que Jupiter fait mille trois cents

Jets de vapeur d'eau jaillissant de la surface glacée d'Europa, lune de Jupiter. (Vue d'artiste.)

fois le volume de la Terre ! Si elle avait été cinq fois plus massive, cette planète géante aurait été une étoile. Composée des mêmes éléments que le Soleil, l'hydrogène et l'hélium, elle n'est pas suffisamment massive pour générer la fusion nucléaire, comme ce dernier. Uranus et Neptune sont relativement plus petites, elles n'ont hérité que du reste des matériaux disponibles lors de la formation des planètes. Elles demeurent cependant énormes en comparaison de la Terre.

Nous pensions que les lunes de ces planètes étaient froides et inertes comme notre lune. Mais sur la lune nommée Io, nous avons fait notre première découverte majeure et inattendue : Io possède neuf volcans en éruption ! Cent fois plus d'activité volcanique que la Terre !

Deux ans après son lancement, la sonde *Voyager 1* s'est donc retrouvée dans l'environnement de la planète Jupiter. De nouvelles données se sont mises à pleuvoir sur nos ordinateurs. Elles bouleversaient tout ce que nous pensions savoir. Jupiter, la plus grosse des planètes géantes, est dotée d'une atmosphère dense, complexe, composée de plusieurs types de gaz et agitée de vents violents. Les milliers d'images que *Voyager 1* a renvoyées nous montrent à sa surface une grande tache rouge. Les astronomes avaient observé cette tache depuis environ trois cents ans. En réalité, nous avons découvert qu'il s'agit d'un gigantesque cyclone, nourri par une douzaine d'autres tempêtes qui le relancent sans cesse. La dimension de cette tache, à elle seule, équivaut à celle de trois Terres. Or, depuis que *Voyager 1* a envoyé ces images, la grande tache rouge n'a cessé de diminuer et une autre tache rouge, une "junior", a fait son apparition dans l'hémisphère opposé et grandit toujours.

Nous étions stupéfaits, jamais nous n'avions imaginé que des volcans existaient ailleurs que sur notre Terre ! Puis une autre lune de Jupiter nous a fascinés : Europa. C'est la jumelle de Io, elle est légèrement plus petite que notre lune et son sol rocheux est recouvert d'un épais manteau de glace. Sa surface est la plus lisse du Système solaire – car la glace qui la recouvre repose peut-être sur un océan liquide, dont seule la banquise est visible. Cet océan, s'il existe, pourrait contenir deux fois plus d'eau que la Terre. Avec de l'eau salée en abondance, un fond de mer rocheux, l'énergie de ses marées et des ingrédients chimiques adéquats, nous pourrions découvrir bientôt qu'Europa abrite des formes de vie très simples. Pour le moment, nous n'avons qu'un seul exemple de développement de la vie, le nôtre. S'il y en avait sur Europa – ou plutôt "dans" ! –, cela nous inciterait à penser que la vie existe ailleurs, non seulement dans le Système solaire, mais dans l'Univers tout entier. À la suite de restrictions budgétaires, la NASA a hélas renoncé au projet d'une mission vers Europa en 2020. Heureusement son homologue européenne, l'ESA (European Space Agency – l'agence spatiale européenne), prévoit de lancer en 2022 une sonde vers trois lunes glacées de Jupiter : Europa, Ganymède et Callisto, en espérant percer leurs secrets.

JUPITER

5e PLANÈTE DU SYSTÈME SOLAIRE

Dimensions : la planète la plus massive et la plus volumineuse (pourrait contenir 1 300 Terres).
Distance du Soleil : située à cinq fois la distance Terre-Soleil. Après le Soleil et la Lune, c'est l'astre le plus brillant à l'œil nu.
Au télescope, se distingue par :

- sa couleur jaunâtre
- une grosse tache rouge
- sa vitesse de rotation
- son champ magnétique

Lunes : 67 confirmées, dont les quatre plus grosses découvertes en 1609 par la lunette de Galilée : Ganymède, Io, Callisto, Europa
Anneaux : trois, découverts par *Voyager 1*

1
Montage de Jupiter entourée de ses lunes dans leurs positions relatives. Io, à gauche, est la plus proche, Europa, au centre, Ganymède et Calisto plus bas à droite.

2
La planète Jupiter pourrait contenir mille trois cents fois la Terre.

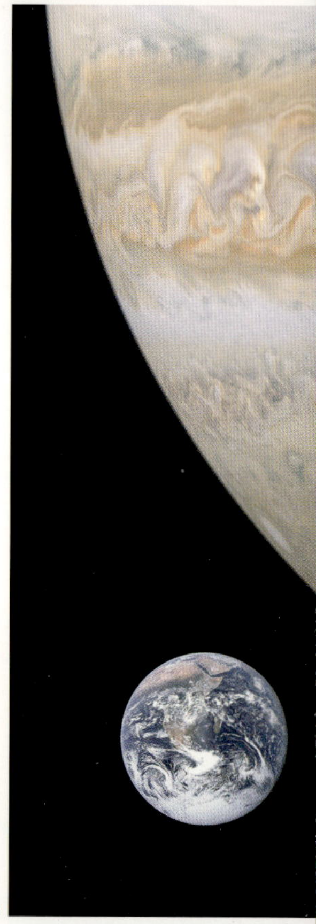

2

1

En somme, dès les premières découvertes de Voyager 1 *et donc, dès le tout début de cette mission spatiale, nous avons dû récrire tous les manuels d'astronomie.*

Grâce à la sonde *Voyager 1*, nous savons maintenant que la planète Saturne possède au moins 61 lunes. Leur nombre total demeure encore inconnu, alors qu'il y a peu de temps encore on croyait que Saturne n'en avait que cinq! Et *Voyager 1* nous a livré d'autres révélations étonnantes: Saturne, la reine des planètes tout comme Jupiter en est le roi, est entourée non pas de quelques anneaux, mais de milliers d'anneaux distincts composés de particules différentes, agités de vagues, de collisions, de dispersions et de recompositions. Et dans l'anneau que nous appelons F, l'un des plus éloignés de la planète, on trouve une véritable pouponnière de lunes – qui, sitôt qu'elles sont un peu grosses, éclatent en dispersant leurs particules de glace fraîche. Elles renouvellent ainsi la matière des anneaux, qui brillent alors de tous leurs... feux.

Si les splendides images que les deux sondes ont renvoyées de Saturne nous ont permis une détection fine de ses anneaux, elles ont aussi attiré notre curiosité sur sa lune Titan, la seule lune du Système solaire à posséder une atmosphère. Cette dernière a tellement intrigué les chercheurs que, par la suite, la NASA a élaboré avec l'ESA une mission toute spéciale pour l'explorer plus à fond. Cette nouvelle mission très sophistiquée, nommée "Cassini-Huygens", a donné lieu à une grande première: le lancement d'une sonde à la surface de la lune Titan. Cet exploit technologique encore inégalé a mené à une formidable découverte: nous y avons trouvé une météorologie très active, qui va de l'évaporation du méthane liquide contenu dans ses lacs jusqu'à la formation de nuages. Quand la lumière du Soleil frappe ces nuages, des molécules organiques (un ou plusieurs atomes de carbone liés à des atomes d'hydrogène) se forment, puis retombent à la surface des lacs. Pour certains de mes collègues, il s'agirait d'un *prélude à la chimie du vivant*. Ils croient que des réactions similaires auraient eu lieu dans l'atmosphère de la Terre primitive, avant le début de l'essor de la vie et l'apparition de l'oxygène. Comme on peut le voir, la recherche des origines de la vie sert aussi de moteur à l'exploration du Système solaire.

Quand les sondes *Voyager 1* et *Voyager 2* ont terminé leur première phase d'exploration, en 1981, elles étaient toujours en bon état de marche. *Voyager 1* fut donc orientée en direction de l'extrême limite de notre système solaire, dont je vous reparlerai.

La sonde Voyager 2 *fut chargée d'explorer et de photographier les deux autres planètes géantes – quoique de moindre taille que Jupiter et Saturne : Uranus et Neptune. Ce fut la seule mission d'exploration jamais réalisée autour de ces deux astres.*

En 1986, après un trajet de cinq ans, *Voyager 2* avait renvoyé sept mille images du système uranien et des milliers d'autres données passionnantes. Nous savions déjà que cette très lointaine planète est, en quelque sorte, une planète "couchée", c'est-à-dire que ses pôles sont à l'horizontale plutôt qu'à la verticale. Ce phénomène exceptionnel aurait été créé par une collision majeure durant la formation du Système solaire. *Voyager 2* nous a aussi révélé l'existence de son champ magnétique et renseigné sur l'influence de la bizarre inclinaison de son «pôle Nord magnétique», qui, singulièrement, est situé au Sud. Surtout, elle a découvert qu'Uranus possédait une dizaine de lunes de plus que celles que nous connaissions alors. Les images uniques, en haute résolution, de la lune Miranda, qui ont été prises par *Voyager 2*, nous ont surpris : cet astre très petit, de 500 kilomètres, est la surface la plus complexe que nous ayons rencontrée dans tout le Système solaire. Elle forme une mosaïque géologique de surfaces très variées, à la fois très récentes et très vieilles, avec d'énormes cratères, des failles profondes, des canyons… nous n'avons pas encore réussi à nous expliquer cela.

Quant à Neptune, trente fois plus éloignée du Soleil que la Terre, son énigme vient de ses vents : ce sont les plus violents et les plus rapides de tout le Système solaire ! Leur vitesse peut dépasser les 2000 kilomètres à l'heure, soit presque deux fois la vitesse du son. À nouveau, *Voyager 2* devait découvrir sept nouvelles lunes, aux caractéristiques surprenantes. Notre étonnement, cette fois, vint de Triton, une lune de glace dont les geysers d'azote liquide sont en constante éruption, avec des panaches de 8 kilomètres de haut, malgré sa température très basse, près du zéro absolu : – 230 °C.

Pendant ces années où la sonde *Voyager 2* explorait pour la première et unique fois les planètes Uranus et Neptune, la sonde *Voyager 1*, elle, poursuivait sa route vers l'extérieur de la bulle magnétique du Système solaire, dont nous ignorions alors presque tout.

Quand elle se fut rendue à 6 milliards de kilomètres de la Terre, bien au-delà de Neptune, nous lui avons commandé de se retourner et de photographier les planètes que les deux sondes avaient visitées. Cet ensemble de photos, prises de cette perspective imprévue, a formé ce que nous avons appelé "le portrait de famille", soit

1
En 1990, Voyager 1 *faisait une photo de famille des planètes déjà visitées. Dans le cercle, le petit point bleu est la Terre, photographiée à plus de 6 milliards de kilomètres.*

2
Voyager 1 *traverse encore l'incommensurable Nuage d'Oort et les résidus du Système solaire primitif.*

3
Les pôles d'Uranus sont à l'horizontale.

4
Titan, lune de Saturne, est la seule du Système solaire à posséder une véritable atmosphère. Celle-ci n'est pas faite d'oxygène, mais de carbone et d'hydrogène.

1
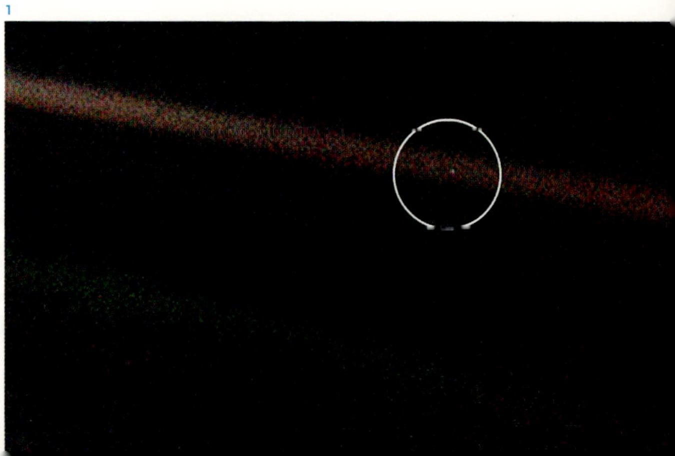

2

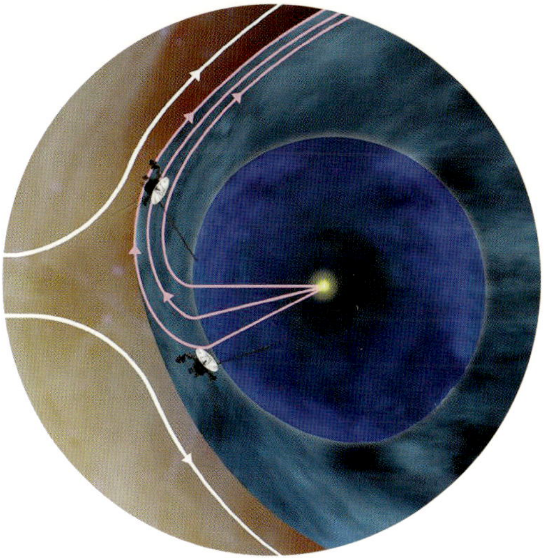

3

une mosaïque de soixante images réunies en une seule. Carl Sagan, le célèbre astronome américain, m'avait manifesté ardemment son désir qu'on fasse ce “portrait de famille”. Et c'est presque par hasard qu'une de mes jeunes collègues a découvert qu'on y voit la Terre : elle n'y fait qu'un minuscule pixel, faiblement éclairé. À 6,4 milliards de kilomètres, notre planète apparaît tout juste comme “un point bleu pâle”, à cause de l'océan Pacifique qui faisait alors face à la caméra. Je dois dire que plusieurs scientifiques se montraient très inquiets de prendre le risque de retourner la sonde vers la Terre simplement pour “prendre une photo qui leur semblait anecdotique”. J'ai dû insister. Ce n'est pas une photo scientifique, je le reconnais, mais elle marque l'histoire d'une pierre blanche. Elle demeure la seule image réelle que nous puissions avoir de notre monde à pareille distance. À partir d'une autre étoile, hors du Système solaire, que verrions-nous ?

4

Dimensions relatives de la Terre et de Neptune.

En 1989, la robustesse de nos sondes *Voyager*, de même que les innombrables découvertes qu'elles nous ont permises, ont décidé la NASA à poursuivre l'aventure et à leur confier une nouvelle mission : Voyager Interstellar Mission, ou l'exploration de l'espace interstellaire. Je dois avouer que nous en avions rêvé dès le début de l'aventure, que nous l'avions même prévu au cours de la conception et de la fabrication des sondes. Mais, enfin, nous n'étions qu'au début de l'ère spatiale et nous n'étions pas sûrs d'avoir créé des technologies aussi résistantes et performantes. Les sondes *Voyager* ont inspiré toutes les missions qui les ont suivies.

L'exploration de l'espace interstellaire est loin d'être chose facile. En fait, il s'agit d'une aventure risquée. Les planètes du Système solaire logent à l'intérieur d'une bulle colossale, d'au moins 18 milliards de kilomètres de rayon, générée par le "vent solaire". Le Soleil éjecte en effet, dans toutes les directions, un flot de particules chargées à une vitesse supersonique : plus d'un million de kilomètres à l'heure !

Mais lorsque ce vent solaire rencontre un premier flot de particules qui proviennent de l'extérieur de cette bulle, il ralentit dramatiquement. Cet événement engendre un choc, appelé "choc terminal", que les sondes ont réussi à traverser et à documenter à tour de rôle, en 2004 et 2007.

Après cette rencontre brutale, les deux sondes ont continué d'explorer, chacune à son rythme et dans sa direction propre, la vaste étendue de cette bulle prodigieuse appelée "héliosphère". Et, en juillet 2012, la sonde *Voyager 1* a franchi la première la frontière de la bulle, nommée "héliopause". Elle est entrée progressivement dans l'espace interstellaire et nous a transmis des données qui confirmaient qu'elle naviguait dans un océan de particules, de vents et de rayonnements venus directement de la galaxie. Notre sonde *Voyager 1* est alors devenue le premier objet d'origine humaine à parvenir entre les étoiles. Elle a fait mieux encore : rendue à plus de 20 milliards de kilomètres du Soleil, elle garde contact avec nous, tout en baignant dans cet environnement exceptionnel. Mais son grand voyage est loin d'être terminé. Elle pénètre maintenant dans l'incommensurable nuage d'Oort, qui contient les résidus du Système solaire primitif. Cette zone de transition, une sorte de passoire très ajourée perméable aux particules interstellaires ambiantes, est peuplée de centaines de milliards de petits objets glacés, qui sont des noyaux de comète en puissance. En effet, dans ces régions lointaines, les noyaux de comètes se trouvent à une fraction non négligeable de la distance qui nous sépare des étoiles les plus proches, et sont très faiblement liées au Soleil par la force de gravité. La moindre perturbation peut donc à tout moment conduire un corps du nuage d'Oort soit à s'échapper vers l'extérieur, soit au contraire à se précipiter vers l'intérieur du Système solaire. Selon nos hypothèses, il faudra environ quarante mille ans à *Voyager 1* pour en voir la fin et entrer dans le champ d'influence de la prochaine étoile.

En 1972, j'ai commencé ma carrière comme chef de la mission *Voyager*. Et quarante ans plus tard, je le demeure encore. Lors du survol de Neptune, en 1989, nous avions calculé que plus de onze mille années de travail/homme avaient déjà été consacrées à ce projet. Il y a longtemps que je ne compte plus. C'est un immense privilège de participer à pareille aventure. Plusieurs

La mission se poursuit toujours en 2016, et nous apprend des choses extraordinaires sur l'eau et les molécules organiques dont sont constituées en grande partie les comètes.

missions majeures ont suivi celle de *Voyager*, dont celle de la sonde spatiale *New Horizons*, qui, en juillet 2015, dévoilait enfin les secrets de Pluton et de ses lunes. Une fois de plus, de formidables surprises nous attendaient. Quand elle aura terminé son grand périple dans la ceinture de Kuiper, la sonde *New Horizons* s'orientera à son tour vers l'espace interstellaire et y rejoindra – si l'on peut dire – nos sondes *Voyager*. D'ici là, tout me porte à croire que d'autres systèmes planétaires, autour d'autres étoiles, auront été – au moins en partie – découverts et analysés. Grâce à toutes nos missions d'explo-ration dans le Système solaire, nous serons mieux préparés à les comprendre, mais je reste persuadé que ces nouvelles missions bouleverseront l'idée que nous avons aujourd'hui de la formation des systèmes planétaires. Que nous serons étonnés, renversés ! Depuis l'aventure des sondes *Voyager*, nous avons pris l'habitude d'être surpris.

Jean-Pierre : Quel beau voyage ! Ce qu'il faut aussi en retenir, c'est que le succès des missions *Voyager* a donné une formidable impulsion à l'exploration spatiale de *tout* le Système solaire. Entre 1977 et aujourd'hui, on compte une bonne soixantaine de missions vers les planètes et leurs lunes, les comètes et les astéroïdes, tous ces corps de tailles, d'origines et de compositions diverses. Des sondes spatiales les ont survolés, photographiés, cartographiés, parfois même se sont posées dessus. Toutes ont apporté leur lot de surprises. Je pense notamment à la récente et désormais célèbre mission *Rosetta*, de l'Agence spatiale européenne (ESA), qui en 2014 a réussi à placer un vaisseau spatial en orbite autour du noyau d'une comète afin de suivre son évolution au cours de son passage près du Soleil, et en novembre 2014 a même déposé l'atterrisseur *Philae* sur la surface tourmentée du mystérieux petit corps.

En 2015, quelques mois avant la première exploration de la sonde *New Horizons* de la NASA, la première exploration du gros astéroïde Cérès, qui gravite entre Mars et Jupiter, a été réalisée par la sonde *Dawn*. L'agence spatiale japonaise, la JAXA, est elle aussi très active ; l'une de ses sondes lancée fin 2014, *Hayabusa 2*, prévoit de ramener sur terre, en 2020, des échantillons de matière prise à un astéroïde. En juillet 2016, la sonde de la NASA *Juno* s'est mise en orbite polaire très serrée autour de Jupiter. Si la planète avait la taille d'un ballon de basket, *Juno* la survolerait à 1 cm. Bref, même si la grande aventure spatiale a débuté il y a cinquante ans, elle ne fait en réalité que commencer.

Mais alors, vous demandez-vous sans doute, quand serons-nous en mesure d'explorer un système solaire *autre* que le nôtre ? Pour cela, il suffirait de rejoindre l'étoile la plus proche du Soleil, que l'on appelle Proxima du Centaure. Elle est située à un peu plus de quatre années-lumière, c'est-à-dire 40 000 milliards de kilomètres. Pour mieux se figurer cette énorme distance, prenons une voiture et filons, sans jamais nous arrêter, à 100 kilomètres à l'heure en sa direction. Combien de temps nous faudrait-il pour l'atteindre ? À peu près soixante millions d'années. C'est dire que ce n'est pas encore demain que nous pourrons étudier cette étoile de près !

Hubert : Heureusement, pour comprendre ce qu'est une étoile, nous n'avons pas besoin d'aller aussi loin, nous en avons une à notre portée, c'est la nôtre, le Soleil. Mon collègue Edward C. Stone nous a permis de prendre conscience de sa puissance, de sa force d'attraction, qui s'exerce jusqu'à des distances inimaginables.

LA SPECTROSCOPIE LE MESSAGE DE LA LUMIÈRE

Songez plutôt à ceci : tout ce que nous savons sur l'espace au-delà du Système solaire... est connu à travers les photons qui ont frappé les télescopes depuis un siècle et dont la somme des énergies ne dépasse pas celle contenue dans une seule goutte de pluie frappant le sol... (Jean-Pierre Luminet, *Bonnes Nouvelles des étoiles.*)

Qui n'a pas été émerveillé devant un arc-en-ciel ? La nature de ce phénomène est demeurée un mystère jusqu'à ce qu'Isaac Newton (1642-1727) arrive enfin à démontrer que la lumière du Soleil n'est pas véritablement blanche, mais le mélange de toutes les couleurs de l'arc-en-ciel.

Lorsqu'elle est déviée par des gouttes de pluie ou par un prisme, la lumière se sépare ainsi en sept couleurs, allant du rouge au bleu. Newton donne à cet éventail de couleurs le nom de « spectre », du latin *spectrum*, qui veut dire « apparence » ou « apparition ».

À partir de la seconde moitié du XIXe siècle, les techniques pour décomposer la lumière – qu'on nomme « spectroscopie » – se raffinent et donnent naissance à l'astronomie moderne.

Le spectre de la lumière stellaire est traversé de fines rayures noires. Leur position, leur nombre et leur aspect sont uniques pour chaque étoile. Ils forment la signature des éléments chimiques qui la composent : chaque atome, chaque molécule absorbe une partie de la lumière émise, et crée des séries de raies caractéristiques dans le spectre, toujours aux mêmes endroits, comme un code barre.

La spectroscopie nous permet aussi d'étudier le mouvement des objets célestes. Lorsqu'un objet lumineux s'éloigne de nous, son spectre lumineux se décale vers le rouge ; lorsqu'il se rapproche, il se décale vers le bleu.

Cet effet a permis à Edwin Hubble de comprendre que les galaxies s'éloignent de nous et que l'Univers est en expansion.

Enfin, on a aussi découvert que la lumière visible n'est qu'une toute petite portion des rayonnements qui existent dans l'Univers.

De nouveaux télescopes ont été mis au point pour capter ces autres types d'ondes « invisibles » : ondes radios, infrarouges, ultraviolettes, rayons gamma... qu'on appelle le « spectre électromagnétique ».

C'est ainsi que même si nous ne pouvons pas atteindre les étoiles, on peut maintenant étudier l'Univers dans toutes ses manifestations.

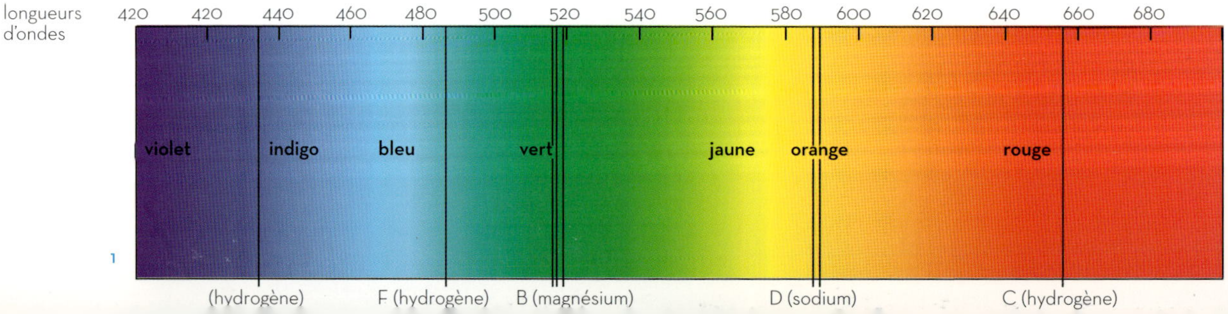

1

2

1
Dans le spectre de la lumière solaire, on discerne des raies sombres, qui forment la signature unique de chacun des éléments chimiques qui composent le Soleil.

2
Les spectres réels sont plus complexes et nécessitent des outils informatiques pour séparer les spectres des différents atomes. Ici, la carte d'identité complète du Soleil, dont le spectre entier comprend plusieurs milliers de raies.

Hubert:

Quand j'ai été accepté à l'université Cornell, en 1956, j'ai eu la chance d'avoir comme professeur Hans Bethe, qui avait élucidé le mystère de la source d'énergie des étoiles. C'était alors l'une des grandes questions de l'astronomie: comment un astre comme le Soleil pouvait-il briller sans épuiser son carburant au bout de quelques centaines de milliers d'années?

Hans Bethe a obtenu le prix Nobel après avoir démontré, dès 1938, que les étoiles sont des réacteurs nucléaires autocontrôlés. Ils combinent leurs atomes et les transforment en atomes plus lourds, ce qui leur permet de briller pendant des millions, voire des milliards d'années. Pour les astronomes, le Soleil est une étoile parmi d'autres, assez banale, mais qui possède une très grande qualité: nous pouvons l'observer de près. Son étude nous a révélé la stupéfiante mécanique interne de toutes les étoiles. Notre collègue, l'astrophysicienne Annie Baglin, étudie cette mécanique. En tant que chef de mission du satellite d'observation CoRoT, elle a réussi à faire une percée remarquée dans ce domaine. Comme Jean-Pierre elle travaille à l'observatoire de Paris, qui occupe trois sites, dont l'un à Meudon.

Surplombée d'une vaste forêt domaniale peuplée d'arbres centenaires et d'étangs, la ville de Meudon, au sud-ouest de Paris, est sertie dans un somptueux écrin végétal. Le Soleil fait partie de son ADN depuis des siècles: en 1875, l'astronome Jules Janssen y crée un observatoire consacré à son étude sur les vestiges d'un château révéré par le Roi-Soleil. Or, trois cents ans plus tard, c'est à cet endroit qu'on trouve la plus grande collection d'images photographiques du Soleil au monde, soit plus de 100 000 clichés! Janssen et Deslandres, son successeur, ont réussi à donner naissance à un laboratoire de référence, un haut lieu d'une toute nouvelle discipline qu'ils appelaient l'«astronomie physique», désignée aujourd'hui plus simplement par le terme «astrophysique». Il s'agissait d'étudier en détail la composition physique et chimique du Soleil, sa formation et son évolution.

Janssen, aventurier, inventeur et précurseur dans plusieurs domaines, se passionnait pour les deux techniques à la fine pointe de son époque, la photographie et la spectroscopie (l'étude de la lumière décomposée). Mais comment observer la lumière du Soleil directement, puisqu'elle nous aveugle? Janssen travaillait sur cette question depuis longtemps quand il se rendit en Inde afin d'y observer une éclipse de Soleil. Ce voyage fut très fructueux. À cette occasion, il découvrit non seulement une nouvelle façon d'observer les éruptions (protubérances) solaires, mais il y décela la présence d'un gaz inconnu à l'époque: l'hélium – d'Hélios, le dieu du Soleil dans la mythologie grecque. Fin octobre 1887, il déclara au cours d'une conférence devant les cinq Académies: «Les étoiles sont des soleils analogues au nôtre et elles sont soumises

1

2

1
L'observatoire de Meudon, où l'on photographie quotidiennement l'activité solaire depuis plus de cent ans.

2
Vue et prespective du Château de Meudon appartenant à Monsieur de Guise; eau-forte de Israël Silvestre, XVIIe siècle.

aux lois d'une évolution d'où résultent pour elles un commencement, une période d'activité, un déclin, une fin. Cette doctrine de l'évolution des astres n'est pas encore complète et étudiée dans toutes ses parties, mais elle s'impose aujourd'hui et elle doit être introduite dans la Science dont elle représentera un des plus importants progrès, une des plus belles conquêtes.» La conquête que Janssen souhaitait alors n'a cessé de progresser tout au long du XXe siècle et nous verrons que maintenant elle nous ouvre littéralement la porte des autres étoiles.

Au détour d'un sentier du parc de l'Observatoire, dont les nombreuses coupoles nous intriguent, nous retrouvons Annie Baglin, responsable scientifique de la mission CoRoT. Cette femme chaleureuse a su mener de main de maître et avec succès cette longue entreprise semée d'embûches. Elle nous conduit devant l'abri du spectrohéliographe, cet appareil qui, depuis plus de cent ans, capte, analyse et décompose la lumière du Soleil. Si elle a été améliorée, la méthode de captation et de traitement de la lumière solaire inventée par Janssen est toujours en usage, maintenant démultipliée par l'emploi des technologies numériques.

Dans une pièce sombre, attenante à l'abri de l'appareil, on peut voir les résultats obtenus sur des écrans d'ordinateur où de jeunes chercheurs travaillent à les déchiffrer.

Les étoiles sont des soleils qui chantent

RACONTÉES PAR ANNIE BAGLIN

« Dès ses débuts, la principale vocation de cet observatoire a été d'étudier le Soleil, le plus régulièrement et le plus continûment possible pour en déceler les secrets. Cette méthode d'observation de longue durée nous a inspirés dans l'élaboration du satellite franco-européen CoRoT. Sa mission était double : découvrir les similarités ou les différences entre notre soleil et les autres étoiles – en bref : notre soleil est-il un modèle ? Qu'en est-il des autres étoiles ? Comment les comparer entre elles ? Et ensuite, nous voulions profiter de cette longue période d'observation pour découvrir des exoplanètes autour de ces étoiles, c'est-à-dire trouver de nouvelles planètes hors de notre système solaire.

La mission a duré deux fois plus longtemps que prévu – de 2006 à 2012. Elle a notamment permis de découvrir plus de 32 exoplanètes, dont la toute première semblable à la Terre, située autour d'une étoile semblable à notre soleil, dont je reparlerai plus loin. Mais intéressons-nous d'abord aux étoiles. Nous avons été stupéfiés par les résultats de nos observations.

Dès mes premiers pas comme astronome, j'ai pris conscience que notre avancée dans la connaissance des étoiles nécessitait d'obtenir des données d'observation de meilleure qualité. Parce que nous ne connaissions des étoiles que leur "peau", c'est-à-dire pas grand-chose. Transportez-vous à l'époque où le corps humain n'avait pas encore été disséqué et imaginez alors l'état des connaissances médicales. Pour les étoiles, c'était exactement pareil, nous ne les connaissions qu'en surface. Cela m'a conduite, avec mes collègues, à rechercher de nouvelles techniques, pour obtenir de nouvelles données.

Heureusement, plusieurs chercheurs avant nous, dont mes collègues de l'observatoire de Paris-Meudon, avaient développé divers procédés pour étudier le Soleil. Il s'agissait de faire un travail analogue avec les étoiles, et nous y étions fort encouragés, car les résultats obtenus avec le Soleil étaient magnifiques. Mais comment y arriver ? Observer sur des étoiles lointaines, dont la lumière nous parvient très faiblement, les mêmes phénomènes que sur le Soleil, est un défi immense.

Une éruption solaire. La surface du Soleil est en pleine ébullition, ce qui indique qu'il vibre à l'intérieur.

Ce qui rend la chose aussi difficile, c'est que l'atmosphère terrestre est un milieu instable, agité de turbulences variées. Quand vous regardez les étoiles, les infimes variations de température et de pression de l'atmosphère créent un filtre mouvant entre la lumière et vous, et donnent l'impression que les étoiles "scintillent". Donc, nous nous demandions comment parvenir à comprendre ce qui se passe à l'intérieur des étoiles.

Nous avons découvert avec surprise que sa surface est en ébullition et nous en avons déduit que le Soleil vibre de l'intérieur, que des ondes sonores le parcourent en tous sens.

Or, dans les années 1980, on a découvert, un peu par hasard, que le Soleil vibrait. C'était une percée. L'étude de ces vibrations nous ont permis de mieux comprendre comment s'opèrent les réactions nucléaires à l'intérieur du Soleil. Prenons un exemple. Quand dans une bouilloire l'eau chauffe par le fond et qu'elle se met à faire des bulles, la bouilloire chante. Eh bien, il en est de même pour le Soleil.

Et ce sont ces ondes, qui s'étendent sur plusieurs centaines de kilomètres en profondeur, qui créent les variations de luminosité que nous observons à sa surface. Nous ne pouvons évidemment pas entendre les ondes acoustiques produites par le Soleil, puisqu'elles ne peuvent pas se propager dans le vide interplanétaire, mais nous pouvons enregistrer les vibrations de ces ondes lumineuses. Nous les traduisons ensuite en ondes acoustiques, qui nous permettent d'entendre le bourdonnement du Soleil.

Le satellite CoRoT, qui a observé plus de 150 000 étoiles et qui, le premier, a repéré une exoplanète de dimension semblable à la Terre.

C'est ainsi qu'on peut dire qu'il chante ! Non seulement il chante, mais comme une simple note de musique nous permet de déceler le type d'instrument qui l'a produite, ces ondes nous permettent de déduire ce qui se passe à l'intérieur du Soleil.

Nous connaissons maintenant, avec une très grande précision, la température en son centre : 15 millions de degrés. Cette étude des vibrations, ou oscillations, est une nouvelle discipline qui s'appelle la "sismologie stellaire", ou encore "l'astérosismologie". Elle est en train de révolutionner toutes nos connaissances sur la naissance, la vie et la mort des étoiles lointaines, en nous donnant la possibilité de les étudier de l'intérieur.

Cela dit, le Soleil est très brillant, et il est relativement facile à observer. Mais bien sûr, en science, il nous faut comparer plusieurs spécimens. La seule connaissance du Soleil ne peut servir à expliquer la nature et les mécanismes des autres étoiles. Pour éviter les perturbations de l'atmosphère terrestre, qui altèrent nos observations depuis la Terre, il fallait donc nous lancer à notre tour dans l'aventure spatiale. C'est ce que nous avons fait avec la sonde CoRoT. De la préparation de la mission, en 1990, au lancement du satellite, fin 2006, ce fut une longue aventure qui a nécessité le travail d'une très grosse équipe, majoritairement franco-européenne, mais aussi internationale.

Quand on prépare une expérience comme celle de CoRoT, on poursuit un objectif précis. Mais en disposant d'un nouvel œil, d'un nouvel instrument, plus puissant que les précédents, on trouve aussi des choses totalement inattendues. Par exemple, nous avons été particulièrement surpris de découvrir que des étoiles qui devraient ressembler au Soleil sont en fait extraordinairement différentes. Ou elles tournent plus vite, ou elles sont plus actives, bref, elles ont toutes sortes de mouvements bizarres que nous sommes encore en train d'essayer de comprendre et d'analyser.

Au cours de sa mission, CoRoT a réussi à observer sans interruption et pendant de très longues durées – d'un à cinq mois – l'intensité lumineuse de 160 étoiles brillantes et de plus de 150 000 étoiles plus faibles. C'était une grande première dans le domaine de l'astronomie, cela nous ouvrait un tout nouveau champ d'investigation. En procédant de cette façon, nous avons réussi à améliorer *dix fois* la précision des mesures obtenues depuis le sol. Nos observations couvrent un large éventail de types d'étoiles, allant de la taille du Soleil jusqu'à quarante fois plus massives, et leurs âges varient de moins d'un million d'années à plus de dix milliards d'années, comme certaines géantes rouges. Nous avons aussi découvert ce que nous cherchions, c'est-à-dire des oscillations, des vibrations, qui ressemblent à celles du Soleil.

Quelle récolte ! Plus de 50 % des étoiles que nous avons étudiées "chantent" ! Même celles que nous appelons les "géantes rouges", c'est-à-dire des étoiles qui ressemblaient initialement à notre soleil mais qui, arrivées en fin de vie, se sont dilatées au point de devenir énormes.

Grâce à cette éclipse de Soleil photographiée en 2013, on distingue nettement la couronne solaire, l'atmosphère supérieure du Soleil structurée par les lignes de champ magnétique.

Double page suivante

Aurore boréale sur un lac québécois l'hiver, provoquée par des flux de particules provenant du Soleil et frappant la haute atmosphère de notre planète.

Avant les observations de CoRoT, nous n'avions repéré qu'une petite dizaine de géantes rouges qui pouvaient "chanter", mais en cinq mois, notre satellite a repéré plus de 700 exemplaires de ces étonnantes cantatrices.

C'est dire combien nous avons trouvé ce que nous cherchions ! En cours de route, nous avons été secondés par l'arrivée dans l'espace, en 2009, d'un nouveau télescope spatial américain extrêmement puissant, Kepler, qui a non seulement corroboré, mais aussi complété nos recherches. D'abord destiné à la recherche d'exoplanètes, le télescope Kepler s'est révélé être un formidable outil pour l'astérosismologie et les résultats obtenus avec ces deux missions dépassent toutes nos espérance.

Après six ans de bons et loyaux services, CoRoT a rendu l'âme sous le bombardement intense des particules de haute énergie qui parcourent l'espace. Il a cessé de nous transmettre ses données en novembre 2012. Après avoir tenté de le remettre en service à distance, nous avons dû nous résigner à désactiver le satellite pour qu'il redescende et se consume dans l'atmosphère terrestre.

Nous étions désolés – en raison de son succès, la mission avait été prolongée jusqu'en 2015. Mais l'aventure CoRoT se poursuit ! Ses données sont maintenant en ligne sur le site de la NASA et sont interprétées par le monde entier. Nul doute qu'elles nécessiteront encore des dizaines d'années de traitement, ce qui est tout naturel, puisque nous avons observé une centaine de milliers d'étoiles. Évidemment, ce sont probablement mes étudiants et les étudiants de mes étudiants qui finiront le travail. En fin de compte, CoRoT passera à la postérité comme le pionnier d'un tout nouveau chapitre de l'histoire des sciences, "l'astérosismologie dans l'espace". Il me semble que cela aurait plu au fondateur de notre observatoire de Meudon, Jules Janssen ! »

Le jour descend sur l'étang rêveur de l'Observatoire. Annie Baglin aura marqué de son passage l'histoire de ce site consacré au Soleil, sous toutes ses manifestations, même symboliques, depuis si longtemps.

Amas d'étoiles contenant plusieurs géantes rouges à l'éclat orangé.

UN ZOO COSMIQUE

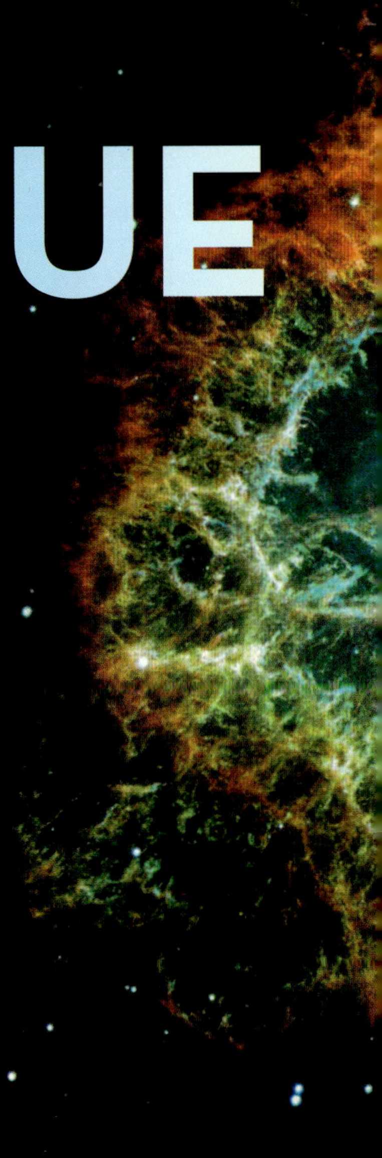

Double page précédente

La nébuleuse du Crabe dans la constellation du Taureau, les restes de l'explosion d'une étoile en supernova, qui avait été observée en 1054 par un astronome chinois.

UN BREF COUP D'AILES NOUS RAMÈNE VERS LE GRAND JARDIN ODORIFÉRANT OÙ NOS DEUX ASTRONOMES, HUBERT ET JEAN-PIERRE, ATTENDENT LA TOMBÉE DE LA NUIT. AUX FENÊTRES DES PAVILLONS, DISCRÈTES, QUELQUES LUMIÈRES S'ALLUMENT, VOILÉES POUR NE PAS NUIRE À LA SÉANCE D'OBSERVATION.

Le moment est venu pour nos deux astronomes de regarder le ciel avec leur petit télescope amateur. Par bonheur, la lune n'est pas au rendez-vous, la nuit est noire, et déjà, on peut repérer à l'œil nu un grand nombre d'étoiles, Mars et Jupiter, et même une galaxie: Andromède. Un petit télescope comme celui-ci donne accès à des centaines de milliers d'étoiles et de galaxies. Ils ont donc quitté leurs transats et s'affairent à ajuster les lentilles de l'appareil tout en évoquant des souvenirs.

Hubert: Quand j'étais enfant, nous observions le ciel en famille, au bord du grand lac Saint-Louis. Les étoiles me fascinaient. J'avais appris le nom de nombreuses constellations avec un cherche-étoiles. Je m'étais même fabriqué un petit télescope avec un tuyau de cheminée pour en voir davantage et pour en distinguer les couleurs, car on peut déceler, même à l'œil nu, si elles sont davantage bleues ou rouges... Mes parents avaient un sens aigu de la beauté de la nature, de son caractère sacré. Cet émerveillement ne m'a jamais quitté. Plus tard, j'ai étudié l'énigme de certaines étoiles avec passion, les géantes bleues, dites Wolf-Rayet, par exemple – des étoiles très chaudes, très lumineuses, et très massives.

Jean-Pierre: Pour ma part, je vivais à la campagne dans le sud de la France et j'aimais contempler les beaux cieux étoilés de la Provence. Je me suis aussi construit une lunette astronomique, avec deux tubes en carton qui pouvaient coulisser l'un sur l'autre, et des lentilles que j'avais achetées par correspondance. Le trépied qui aurait dû stabiliser le tout n'a jamais vu le jour: là s'est arrêtée ma vocation pour l'observation et l'instrumentation astronomique! Avec mon esprit plus abstrait que pratique, la vision du ciel nocturne m'a plutôt porté à réfléchir et à travailler sur l'espace et les astres invisibles – comme les trous noirs par exemple.

Hubert: Notre collègue Annie Baglin, nous a parlé des découvertes les plus récentes sur les étoiles, mais avons-nous répondu à la question: Comment ça marche, une étoile?

Jean-Pierre: Pas vraiment. Or, les éléments chimiques contenus dans notre système solaire, dans le cosmos et aussi dans notre propre corps sont liés à la vie et à la mort des étoiles. Alors, comment fonctionne cette merveilleuse machinerie stellaire? Évidemment, les étoiles ne sont pas des êtres vivants, mais on peut tout de même dire qu'elles naissent, vivent et meurent. Il y a des étoiles qui vivent en célibataire, comme le Soleil, mais la plupart des étoiles vivent à plusieurs. En général, nous trouvons des couples stellaires, des «binaires», comme on dit, et parfois il y a des étoiles triples ou quadruples. C'est en observant les différentes créatures de ce véritable *zoo cosmique* que l'on peut commencer à comprendre comment fonctionne une étoile et quelles sont les étapes progressives de sa formation, de son évolution et de sa fin.

Depuis que Galilée a découvert les merveilles que l'on peut percevoir dans le ciel à l'aide d'une lunette astronomique, ceux qui ont suivi ses traces ont toujours cherché à voir mieux, à voir davantage, à voir toujours plus loin. Des télescopes nouveaux, de plus en plus puissants, situés sur les sommets les plus hauts, ont été mis au point. De l'analyse de la lumière visible, les astronomes sont passés à celle de la lumière invisible. Ils ont créé des collecteurs capables de détecter les formes et les propriétés des objets célestes dans des longueurs d'onde qui demeurent imperceptibles à l'œil humain.

En 1990, un télescope spatial, baptisé Hubble Space Telescope (ou HST) en l'honneur d'un célèbre astronome américain, a été lancé en orbite autour de la Terre. C'était une grande première dont rêvaient tous les astronomes, car la turbulence de l'atmosphère terrestre fausse les données des télescopes au sol, quelle que soit leur taille ou leur qualité. À l'instar de la mission des sondes *Voyager*, la mission du HST est d'ailleurs l'une des plus réussies et des plus durables de la NASA et de l'ESA (l'Agence spatiale européenne).

Grâce à l'activité incessante d'innombrables astronomes et à leurs nouveaux instruments d'observation, nous avons maintenant accès à un somptueux livre d'images du cosmos.

1

2

1
Le télescope Canada-France-Hawaii (CFHT) exploite un télescope au sommet du Mauna Kea, Hawaï, à 4 200 mètres au-dessus de l'océan Pacifique.

2
Le télescope spatial Hubble, en fonction depuis 1990.

Vie, mort et fécondité des étoiles

Hubert: Quand, comme nous le faisons ce soir, vous regardez la Voie lactée par une belle nuit sans lune et sans lampadaire, vous voyez une grande arche lumineuse, assez irrégulière. Certaines sections de l'arche sont plus sombres. Ce sont des nébuleuses, c'est-à-dire de gigantesques nuages de gaz et de poussières, des pouponnières d'étoiles. Un jour, l'un de ces nuages est bousculé par un événement quelconque, par exemple l'explosion d'une grosse étoile. Cette onde de choc entraîne l'effondrement du nuage sur lui-même. Sous l'effet de la gravité, il se met à tourner. Au centre du nuage, une boule de gaz se forme, entourée progressivement d'un disque aplati par sa rotation. La pression et la température au cœur du disque montent lentement et il commence à briller. Une étoile est née. De grands jets lumineux sont éjectés à des distances prodigieuses. Au bout de quelques millions d'années, à plus haute température, cette boule de feu devient un véritable réacteur nucléaire dans lequel l'hydrogène fusionne et approvisionne l'étoile en énergie pour des millions voire des milliards d'années.

Autour de cette étoile, le reliquat de gaz et de poussières s'agglomère en grumeaux solides: des astéroïdes de dimensions variées. D'innombrables collisions entre ces solides provoquent la formation de corps de plus en plus massifs et, finalement, de planètes à différentes distances de l'astre central. Un système planétaire est né.

Il est fascinant de savoir que dans notre seule Voie lactée, trois ou quatre étoiles nouvelles apparaissent chaque année. Nos observations récentes nous permettent d'affirmer que la formation de systèmes planétaires est un phénomène fréquent dans l'Univers. Nous avons un bel exemple d'étoiles toutes jeunes: les Pléiades. Il s'agit d'un groupe d'étoiles adolescentes, âgées d'à peine 50 millions d'années! Beaucoup d'autres étoiles sont entrées dans leur phase adulte, comme notre soleil, qui est âgé d'environ cinq milliards d'années. L'ensemble du processus de sa naissance n'a pris que trente millions d'années, ce qui est bien peu au regard de la période de stabilité qu'il traverse depuis si longtemps, et qui se poursuivra pendant presque cinq milliards d'années!

Jean-Pierre: Mais il y a aussi des étoiles qui meurent. Ou plutôt, qui finissent leur vie de lumière. Et pourquoi les étoiles meurent-elles? Tout simplement parce que les étoiles brillent en consommant leur carburant. Le carburant d'une étoile, c'est la matière dont elle est formée, c'est-à-dire essentiellement de l'hydrogène et un peu d'hélium.

Une étoile de masse moyenne, comme notre soleil, typique au point de représenter environ 90 % des étoiles, brûle son carburant pendant près de dix milliards d'années. Le Soleil en est à peu près à la moitié de sa vie, en pleine santé. Mais imaginons-le dans quelques milliards d'années.

L'amas des Pléiades, où les sept étoiles sœurs semblent flotter sur un lit de plumes dans cette image infrarouge du télescope spatial Spitzer de la NASA.

1

Notre étoile aura brûlé en son centre ses réserves d'hydrogène, et transformé cet hydrogène en hélium ; par la suite, l'hélium brûlera à son tour. Rendu à cette étape, le Soleil va se mettre à gonfler et devenir ce qu'on appelle une « géante rouge ». Il grossira tellement que son enveloppe extérieure englobera progressivement les orbites de Mercure et de Vénus. La Terre, si elle survit, ressemblera à un vieux croûton calciné !

Ensuite, les couches extérieures de notre étoile, extraordinairement dilatées, vont finir par se diluer lentement dans le milieu interstellaire en formant ce qu'on nomme une « nébuleuse planétaire » – un terme trompeur qui remonte à la fin du XVIIIe siècle, quand on ne pouvait observer ce type d'objet qu'à basse résolution et qu'on voyait un disque nébuleux semblable à celui des planètes. Et que trouve-t-on dans cette nébuleuse de gaz et de poussières ? Eh bien, parmi d'autres atomes, ceux qui ont été fabriqués par l'étoile à partir de la fusion de l'hydrogène et de l'hélium : du carbone et de l'oxygène.

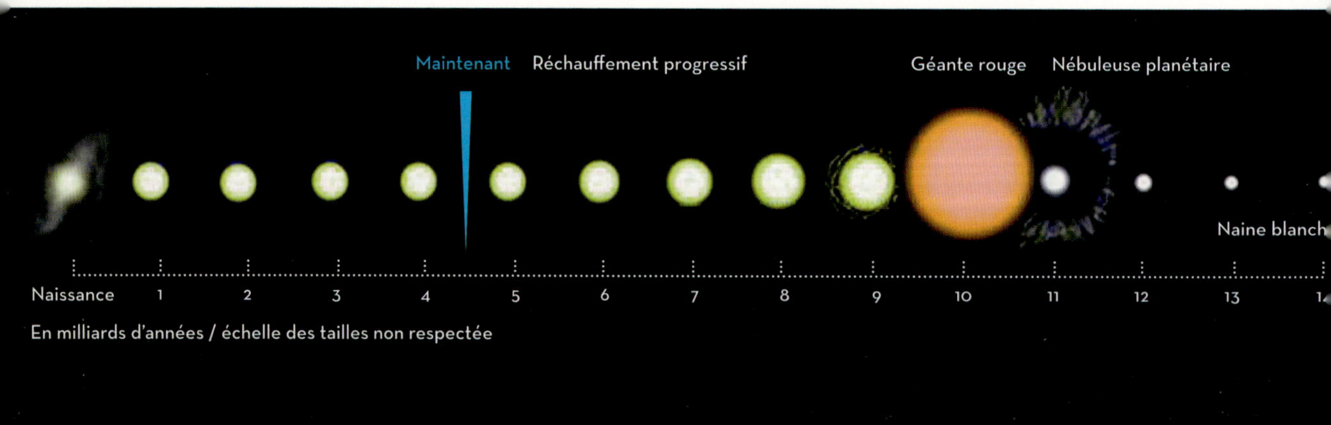

1
Photographie de la Terre et de la Voie lactée faite par l'astronaute Scott Kelly, à partir de la Station spatiale Internationale.

2
La vie du Soleil, de sa naissance à sa transformation ultime en naine blanche.

Double page suivante
Vue d'artiste de la poussière et des gaz entourant un nouveau système planétaire.

Évidemment, en raison de leur très haute densité, ces diamants célestes ne sont pas comme les diamants terrestres. On ne peut pas rêver de les porter à son cou, mais n'est-il pas extraordinaire de penser que 90 % des étoiles dans l'Univers vont un jour lointain fabriquer des diamants aussi gros que des planètes ? On imagine aisément qu'en raison de leur toute petite surface, ces astres luisent très faiblement, à peu près comme si on allumait une ampoule de 100 watts à la distance de la lune. Alors comment fait-on pour les observer ? On utilise une technique qu'on appelle la « radioastronomie ».

Norbert Bartel, de l'université York de Toronto, est astrophysicien et chercheur émérite dans ce domaine. De son bureau de l'université jusqu'aux profondeurs des lointaines nébuleuses où naissent les étoiles, Norbert Bartel nous entraîne à la découverte d'un cosmos révélé… par l'invisible. Les radiotélescopes captent des rayonnements dont la longueur d'onde est près d'un million de fois plus grande que celle de la lumière visible. Pour cette raison, ils doivent utiliser une parabole – ou antenne – très large. C'est ainsi que l'antenne sphérique du plus grand radiotélescope fixe mesure 305 mètres de diamètre : c'est celui d'Arecibo, sur l'île de Porto Rico. En France, avec une surface collectrice rectangulaire équivalente à celle d'une antenne parabolique de 100 mètres de diamètre, le radiotélescope de Nançay est le troisième au monde. On regroupe aussi plusieurs paraboles pour arriver à une meilleure réception de ces ondes qui échappent à nos yeux. À une tout autre échelle, certains amateurs arrivent à capter ces ondes radio « invisibles » en provenance du Soleil ou d'autres astres lointains, à l'aide d'équipements spécialisés.

Norbert Bartel et les équipes du Harvard-Smithsonian Center for Astrophysics, avec lesquelles il travaille, font appel à un réseau mondial de télescopes et d'astronomes, qui mènent ces recherches avec passion.

Nous allons voir que plus une étoile est massive, plus elle va fabriquer des éléments chimiques lourds. Le plus merveilleux est que chaque catégorie d'étoiles, de la naine à la supergéante, va en fin de vie disperser ses matériaux de façon spectaculaire, et féconder de nouvelles générations d'étoiles.

Mais revenons à notre étoile de type solaire. Que se passe-t-il une fois qu'elle est devenue géante rouge ? Son cœur se contracte progressivement jusqu'à devenir un cadavre compacté, que l'on appelle une « naine blanche ». Nous l'avons baptisée « naine » parce que c'est tout petit, à peu près la taille de la Terre. Cela représente un très petit format par rapport à une étoile de la masse du Soleil, un million de fois plus massif que la Terre ! Un dé à coudre de la matière d'une naine blanche pèserait à peu près… une tonne ! Cette matière est composée essentiellement de carbone. Que devient ce carbone au cours du temps ? Le processus est étonnant : la naine blanche va cesser de produire de l'énergie et se refroidir pendant une dizaine de milliards d'années pour se transformer en *naine noire*. Ensuite, et voilà la surprise, au cours de ce lent processus, le carbone va se cristalliser et se changer… *en diamant* !

1
Une étoile en fin de vie peut devenir un petit globe de diamant (vue d'artiste).

2
La nébuleuse de l'Œil de Chat. Reliquat d'une étoile géante rouge qui deviendra une naine blanche. Le vent stellaire a créé cette enveloppe de gaz dense et lumineux.

2

2

Voir l'invisible

RACONTÉ PAR NORBERT BARTEL

« D'ordinaire, quand on regarde le ciel, on a l'impression que rien ne bouge, sauf les nuages. Dans le petit village allemand où j'ai grandi, lors de mes seize ans, je me suis acheté un petit télescope avec un ami. Nous avons commencé par le commencement, c'est-à-dire par regarder les quatre lunes de Jupiter, comme l'avait fait Galilée. C'était fantastique, mais au bout de cinq minutes, nous nous sommes tournés vers la galaxie d'Andromède et d'autres objets célestes fascinants, et j'ai tout oublié de la configuration de Jupiter. Ce n'est que le lendemain soir, en revoyant Jupiter et ses lunes au télescope, que j'ai pu observer qu'elles avaient changé de place. J'étais stupéfait. C'était donc vrai! Ces objets dans le ciel bougeaient vraiment! Cet émerveillement ne m'a jamais quitté et j'ai toujours voulu en savoir davantage. Il m'a mené à la fine pointe de l'observation, dans le royaume de la lumière qu'on ne voit pas: les ondes radio, les ondes infrarouges, les ondes ultraviolettes, etc. J'en ai fait ma spécialité.

L'Univers se manifeste à nous de très nombreuses façons et en astronomie nous considérons cela comme des fenêtres, que nous ouvrons progressivement. Pour la plupart des chercheurs scientifiques, leur objet d'étude est à portée de main. Mais nous, les astronomes, nous ne pouvons observer la lumière des astres qu'à distance.

Aujourd'hui, nous avons de nombreux instruments qui nous donnent accès à toute la gamme des rayonnements électromagnétiques, dont la plus large partie est invisible à nos yeux. Vous savez par expérience qu'au-delà ou en deçà de la lumière visible, il existe des rayons X, des rayons ultraviolets, des infrarouges, des micro-ondes, des ondes radio, c'est-à-dire un ensemble de rayonnements de même nature que la lumière visible, portés par des photons, mais de fréquences différentes. Les oiseaux, les abeilles, les reptiles et même les chats perçoivent certaines de ces longueurs d'onde comme des couleurs, notamment celle de l'ultraviolet, mais pas les humains.

C'est Karl Jansky, chercheur et ingénieur américain, qui a découvert en 1932 que des ondes radio nous parvenaient du centre de la Voie lactée. Il a alors ouvert une fenêtre d'observation qui a fondamentalement changé notre perception de l'Univers. Voilà pourquoi le gigantesque réseau

Image composite en fausses couleurs de la galaxie de la Charette, détectée à différentes longueurs d'onde: ultraviolettes (bleu); visibles (vert); infrarouges (jaune/orange); rayons X (violet/rose).

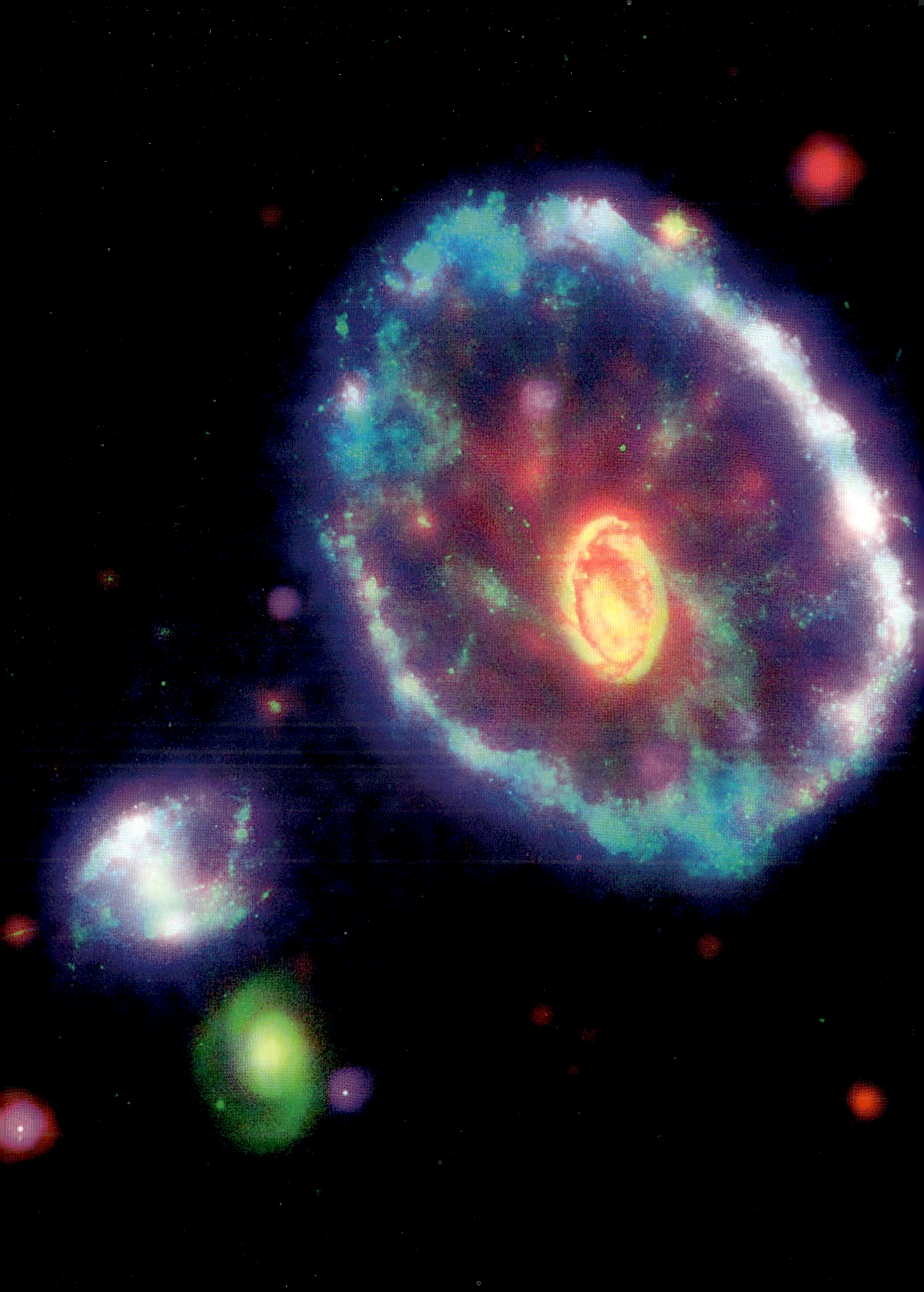

Soleil levant sur le VLA, le plus grand radiotélescope au monde, composé de 27 antennes paraboliques, près de Socorro, Nouveau-Mexique.

de radiotélescopes du Nouveau-Mexique, le Very Large Array (VLA), porte maintenant son nom. Il est constitué de 27 antennes paraboliques de 25 mètres chacune, disposées en éventail et orientables. Avec ce réseau de radiotélescopes, nous obtenons des informations mille fois plus détaillées que celles que nous pourrions obtenir d'un télescope optique sur la Terre. Qu'est-ce que cela signifie ? Voici un exemple concret. Je sors de mon portefeuille une pièce de cinq sous, sur laquelle nous voyons la reine d'Angleterre – nous sommes au Canada, n'est-ce pas ? Si je tiens cette pièce dans ma main, ici, à Toronto, et que quelqu'un l'observe depuis Paris, à l'aide de ce réseau de télescopes, il peut voir clairement l'œil de la reine. Telle est la précision que nous obtenons avec ce type d'instrument. Vous imaginez bien que quand nous l'utilisons pour des objets célestes, nous pouvons voir des détails qui, avec des télescopes optiques, demeurent invisibles.

Récemment, grâce à la combinaison de plusieurs radiotélescopes, nous avons identifié l'objet le plus froid, le plus sombre jamais détecté : une naine blanche, tellement vieille que son carbone a commencé à se cristalliser et à former dans l'espace un diamant de la taille de la Terre.

Nous pensons qu'elle a l'âge de notre galaxie, la Voie lactée, soit onze milliards d'années. Elle a pour compagnon original une très petite étoile extrêmement dense, qui tourne extrêmement rapidement, qu'on appelle un "pulsar".

En 2013 a été inauguré le radiotélescope géant ALMA, composé de 66 antennes perchées à 5 100 mètres d'altitude, au nord du Chili. C'est aujourd'hui l'instrument le plus performant pour observer les nuages moléculaires dans lesquels naissent les étoiles, ainsi que la formation des planètes autour des jeunes étoiles. Toutes ces ondes radio venues de l'espace lointain nous ont fourni des révélations majeures. Grâce à elles, par exemple, nous arrivons à détecter une foule de molécules organiques qui flottent dans le cosmos, mélangées à la poussière et au gaz. Or, de telles molécules pourraient servir à la formation des briques élémentaires de la vie. Et en plus de ces molécules organiques, nous détectons aussi de l'eau – non seulement dans notre galaxie mais dans beaucoup d'autres, situées à des millions d'années-lumière de nous. Toutes ces découvertes nous permettent d'espérer trouver bientôt des réponses à cette grande question qui nous occupe tous : y a-t-il de la vie ailleurs dans l'Univers ? Cette question mobilise une immense énergie et motive de nombreuses recherches. »

Hubert : Donc, une géante rouge, issue d'une étoile comme le Soleil, va produire des éléments fondamentaux pour la vie comme le carbone, l'azote et l'oxygène, mais nous savons tous qu'il existe bien d'autres atomes. La question maintenant c'est de savoir d'où ils viennent.

Jean-Pierre : Il se trouve que parmi les étoiles, environ une sur dix est un véritable poids lourd, dont la masse dépasse dix fois la masse du Soleil ! On en connaît un bel exemple, visible à l'œil nu, elle s'appelle Bételgeuse. Elle entre dans la catégorie des *supergéantes rouges*, c'est-à-dire qu'elle s'est énormément dilatée, au point que sa luminosité est cent mille fois celle de notre soleil. C'est simple, si on mettait Bételgeuse à la place de notre étoile, son atmosphère s'étendrait pratiquement jusqu'à l'orbite de Jupiter. Quelques-uns de mes collègues de l'observatoire de Paris ont même observé des sortes de panaches de gaz qui s'échappent de Bételgeuse et ont la taille de pratiquement tout le Système solaire !

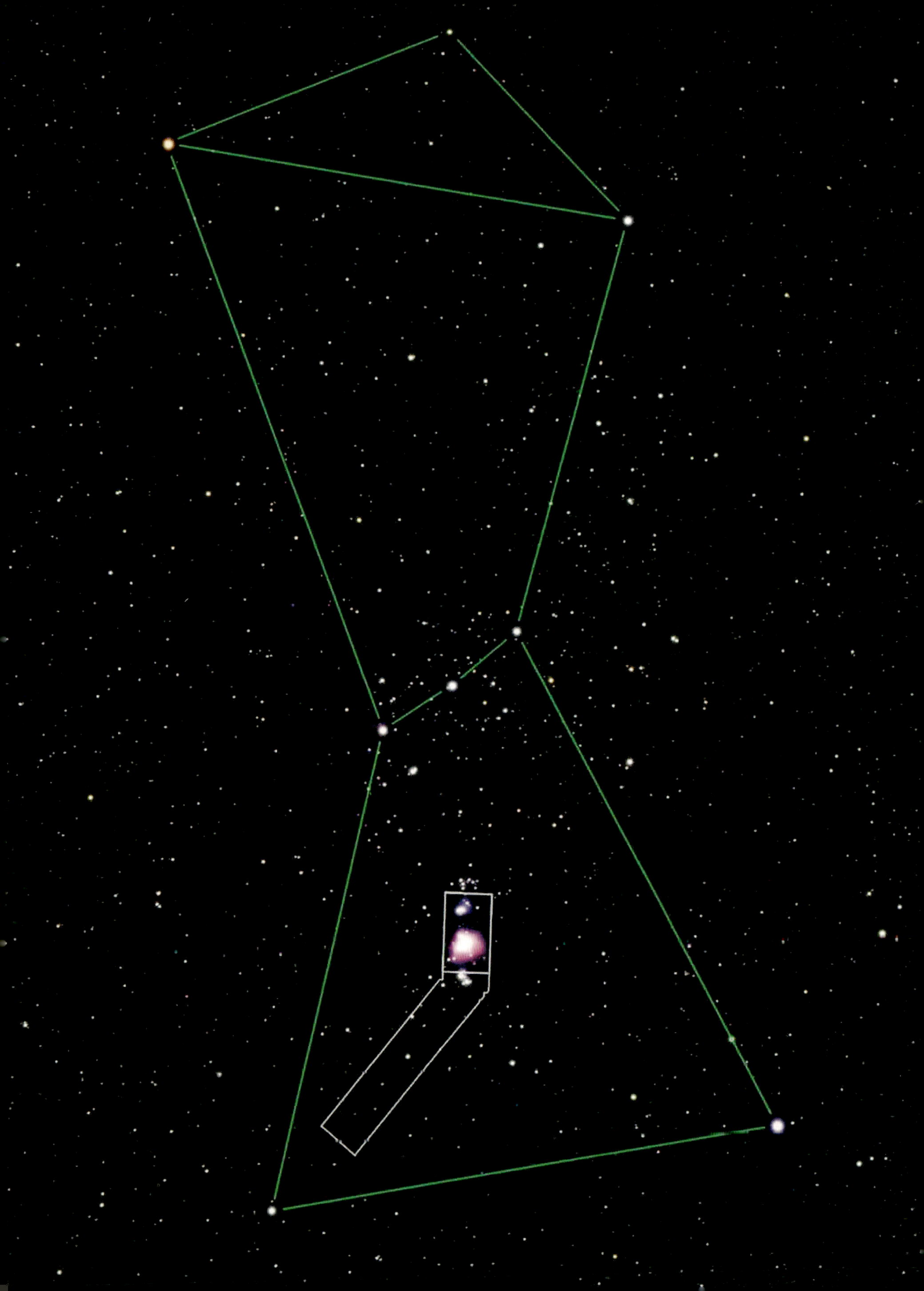

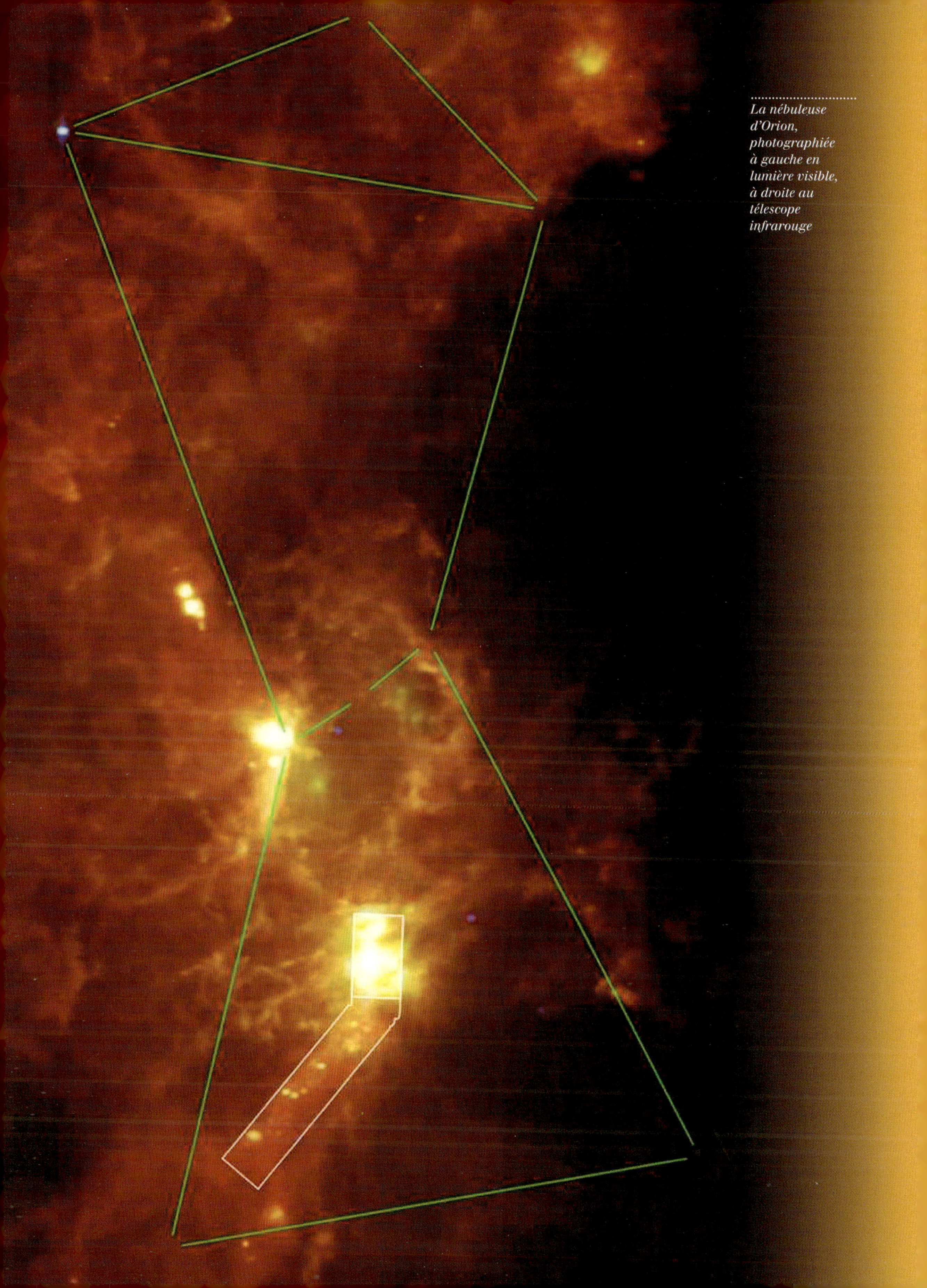

La nébuleuse d'Orion, photographiée à gauche en lumière visible, à droite au télescope infrarouge

Vue d'artiste: la supergéante rouge Bételgeuse sur le point d'exploser. Si elle occupait la place de notre Soleil, elle remplirait l'espace jusqu'à la planète Jupiter.

Cela signifie que cette étoile n'est plus en très bonne santé ; elle est en quelque sorte à l'agonie, c'est une bombe à retardement. La raison est la suivante. La pression et la température qui règnent dans le cœur d'une étoile aussi massive que Bételgeuse sont beaucoup plus importantes que celles qu'on retrouve dans une étoile de masse plus modeste comme le Soleil. Par conséquent, les réactions de fusion nucléaire ne s'arrêtent pas au stade du carbone et de l'oxygène, comme dans le cas d'une simple géante rouge, mais elles se poursuivent à des températures sans cesse plus élevées. Ce flot ininterrompu de fusions nucléaires va fabriquer successivement le magnésium, l'aluminium, le silicium et ainsi de suite, bref, tous les éléments chimiques du tableau périodique des éléments jusqu'au fer, le plus stable de tous.

Et là, en une fraction de seconde, il se passe une véritable catastrophe dans le cœur de l'étoile. Normalement, toutes les réactions de fusion nucléaire produisent de l'énergie, mais celle-ci devient de plus en plus faible à mesure qu'on fabrique des éléments de plus en plus lourds. Il se trouve que lorsque l'étoile arrive à synthétiser le fer, le bilan énergétique devient subitement défavorable, autrement dit la réaction *consomme* de l'énergie au lieu d'en produire ! Résultat, le cœur de l'étoile, aussitôt transformé en fer, subit une sorte d'infarctus, c'est-à-dire qu'il va subitement s'effondrer sur lui-même. Et ensuite ? Il va former un deuxième type de cadavre stellaire beaucoup plus concentré qu'une naine blanche, que l'on appelle une étoile à neutrons. C'est une sorte de noyau atomique géant de 10 kilomètres de rayon, mais qui a la masse d'une étoile. Un dé à coudre d'une étoile à neutrons pèserait un milliard de tonnes. C'est à peu près la masse d'une montagne compactée dans un dé à coudre ! Sur ce noyau extrêmement dur, dans un premier temps, les couches de gaz s'effondrent à grande vitesse. Des mécanismes complexes s'enclenchent, comme l'émission de neutrinos et la formation d'une onde de choc, l'effondrement s'inverse et les couches de gaz sont soufflées vers l'extérieur.

C'est le phénomène fondamental de la supernova. L'enveloppe gazeuse de l'étoile est projetée dans l'espace, déchiquetée par une gigantesque explosion cosmique. Elle libère en quelques jours une énergie phénoménale – autant d'énergie que le Soleil pendant dix milliards d'années ! Le record de luminosité a été atteint avec une supernova détectée en 2015 ; baptisée ASASSN-15lh, elle a brillé comme 560 milliards de soleils !

Mais la chose la plus intéressante pour nous, êtres humains, c'est que le résidu gazeux de la supernova, cette bulle de gaz en expansion dans l'espace, contient tous les éléments chimiques qui ont été formés dans son cœur, c'est-à-dire à peu près tous les éléments de la classification périodique, jusqu'à l'uranium ! Comment est-ce possible, me direz-vous, puisque j'ai écrit plus haut que les réactions thermonucléaires s'arrêtaient à la fabrication du fer ? Parce que les éléments plus lourds que le fer, comme le cuivre, l'or ou le platine, se forment en quelques secondes lors de l'explosion, en raison de la très grande quantité de neutrons capturés par les noyaux atomiques.

2

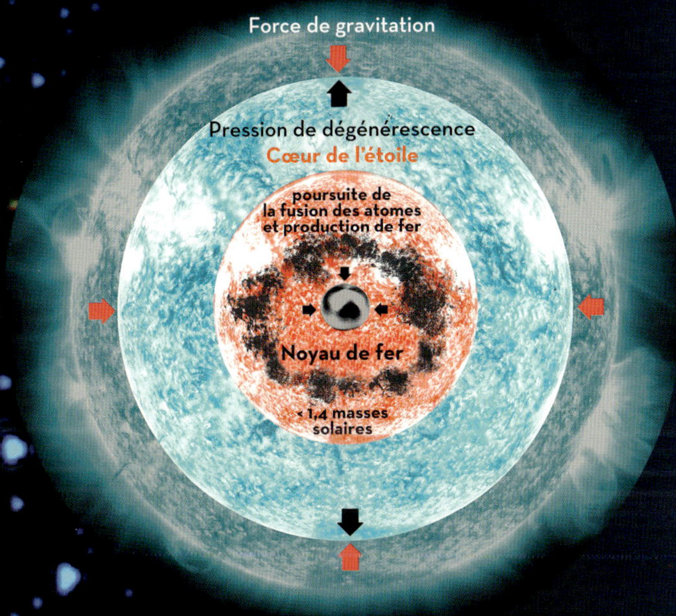

1

Image composite en fausses couleur de la détection à l'infrarouge des vestiges de Cassiopée A, une supernova qui a explosé il y a environ 300 ans.

2

Supernova. Première étape : contraction de l'étoile et opposition de la pression de dégénérescence.

Tous ces nouveaux éléments chimiques sont injectés dans le milieu interstellaire et, à terme, féconderont les futures générations d'étoiles, leurs planètes et leurs éventuels habitants. Alors, si nous sommes poussières d'étoiles, comme tu aimes le dire Hubert, c'est parce que nous sommes composés de tous ces atomes qui ont jadis été forgés dans les étoiles massives et les explosions de supernovae. Ces phénomènes spectaculaires sont malheureusement très rares. Dans notre galaxie, la Voie lactée, nous n'avons plus observé

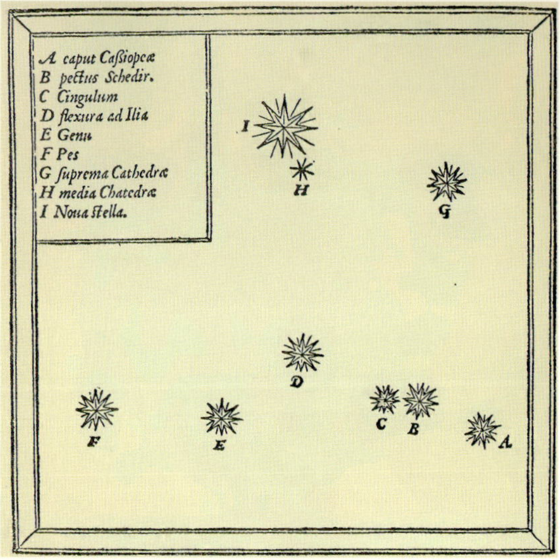

1
Tycho Brahe (1546-1601), célèbre astronome danois.

2
Observations de la supernova en 1572 (lettre I) dessinée par Tycho Brahe.

3
L'éminent astronome Johannes Kepler, qui lui aussi a eu la chance d'observer une supernova en 1604.

3

de supernova depuis quatre cents ans. Mais comme les supernovae deviennent incroyablement brillantes, on peut les détecter dans les autres galaxies et ce, jusqu'aux confins de l'Univers. Chaque année en moyenne, quelques dizaines de supernovae sont détectées dans l'ensemble de l'Univers observable – ce qui est infime par rapport au nombre estimé de celles qui explosent vraiment: un milliard par an, soit trente par seconde! Quelques êtres humains ont toutefois eu la chance extraordinaire de voir à l'œil nu de telles explosions.

Hubert: Ah oui! et les quelques supernovae qui ont été observées à l'œil nu sont dites «historiques», parce qu'elles ont joué un rôle majeur dans l'évolution de notre discipline. Dans les archives astronomiques des Chinois, au XIe siècle, une douzaine de personnes rapportent avoir vu, en plein jour, une étoile très brillante, qui est demeurée lumineuse pendant plusieurs semaines. En Occident, nous avons eu la chance que deux très grands astronomes de la fin du XVIe siècle aient vu une supernova de leur vivant et qu'ils aient décrit soigneusement leurs observations. Le premier, le Danois Tycho Brahe, en découvre une le 11 novembre 1572. À l'aide de minutieux calculs, il démontre que cet objet céleste, apparu si soudainement, ne peut pas être une planète, mais plutôt une étoile fixe, située bien au-delà de toutes les planètes. Cette observation scientifique ébranlait pour la première fois la conception de l'Univers qui prévalait depuis deux mille ans: on croyait jusqu'alors que les objets célestes au-delà des planètes étaient éternels, immobiles et immuables. Comme Tycho Brahe était un observateur hors pair, le livre dans lequel il décrit ce phénomène – *Nova Stella* – a permis à des astronomes de retrouver, dans les années 1960, les vestiges de cette supernova grâce à la radioastronomie d'abord, puis à des détecteurs de rayons X.

À son tour le génial Johannes Kepler, dont les trois lois sur le mouvement des planètes allaient révolutionner la science, aperçoit une supernova le 9 octobre 1604. Il suit attentivement son évolution pendant une année entière, et la documente méticuleusement.

Enfin, le 23 février 1987, après une longue pause de quatre cents ans, un jeune astronome canadien, Ian Shelton, qui travaillait alors dans un observatoire chilien, a pu voir à son tour l'explosion d'une supernova à l'œil nu. Cette nouvelle étoile est apparue subitement dans une petite galaxie, satellite de notre Voie Lactée. J'ai conservé précieusement son récit.

La Supernova 1987 A

RACONTÉE PAR IAN SHELTON

« À l'époque, je travaillais dans un petit observatoire de l'hémisphère Sud, au Chili, avec un vieux télescope. Une nuit, j'ai fixé l'objectif sur les étoiles d'une galaxie naine, appelée le "Grand Nuage de Magellan", pour les photographier. Comme à mon habitude, avant le lever du soleil, j'étais en train de développer la plaque photographique des clichés que j'avais pris cette nuit-là, quand je remarquai sur le dernier cliché un point brillant, qui ressortait étrangement sur cette image en noir et blanc. Il était vraiment extraordinairement brillant !

J'ai su tout de suite que je regardais là un phénomène exceptionnel. Mon pouls s'accéléra encore quand je vis que ce petit objet intrigant ne figurait pas du tout sur l'autre cliché, pris la veille dans le même axe, au même endroit. Extrêmement excité, je courus hors de l'observatoire, je regardai le ciel, et je vis alors à l'œil nu ce fameux point brillant. À ce moment-là, je ne savais pas encore qu'il s'agissait d'une supernova ni qu'à cette occasion un tout nouveau domaine de la recherche astronomique allait s'ouvrir. Je croyais avoir la berlue.

J'ai aussitôt vérifié le fait auprès de certains confrères puis nous avons prévenu l'Union astronomique internationale. Durant les quelques heures qui suivirent, nous avons su que des astronomes australiens avaient aussi repéré l'étoile. Cette nouvelle faisait le tour du monde. Non sans raison : c'était la première supernova observée à l'œil nu depuis quatre cents ans ! Un moment inoubliable. »

Hubert: Cette tache lumineuse avait de bonnes raisons d'être aussi brillante. Elle provenait de l'explosion d'une étoile d'environ vingt fois la masse du Soleil, une supergéante bleue nommée « Sanduleak –69° 202a », qui fut dès lors rebaptisée SN 1987A, puisqu'elle était la première observée cette année-là. Elle allait briller dans le ciel pendant plusieurs mois, avec l'intensité de 100 millions de soleils. Elle a ainsi fourni des conditions d'observation idéales, qui ont permis de confirmer plusieurs de nos hypothèses sur la nature et l'évolution de ces astres rares. Tous les types de rayonnements électromagnétiques ont été mis à contribution, des infrarouges aux rayons gamma. À cause de sa relative proximité avec la Terre – 170000 années-lumière – et de ces nouveaux outils d'observation disponibles, SN 1987A est devenue la supernova la plus étudiée de tous les temps.

Résidu gazeux d'une explosion stellaire qui fut visible à l'œil nu en l'an 1006.

©ESO

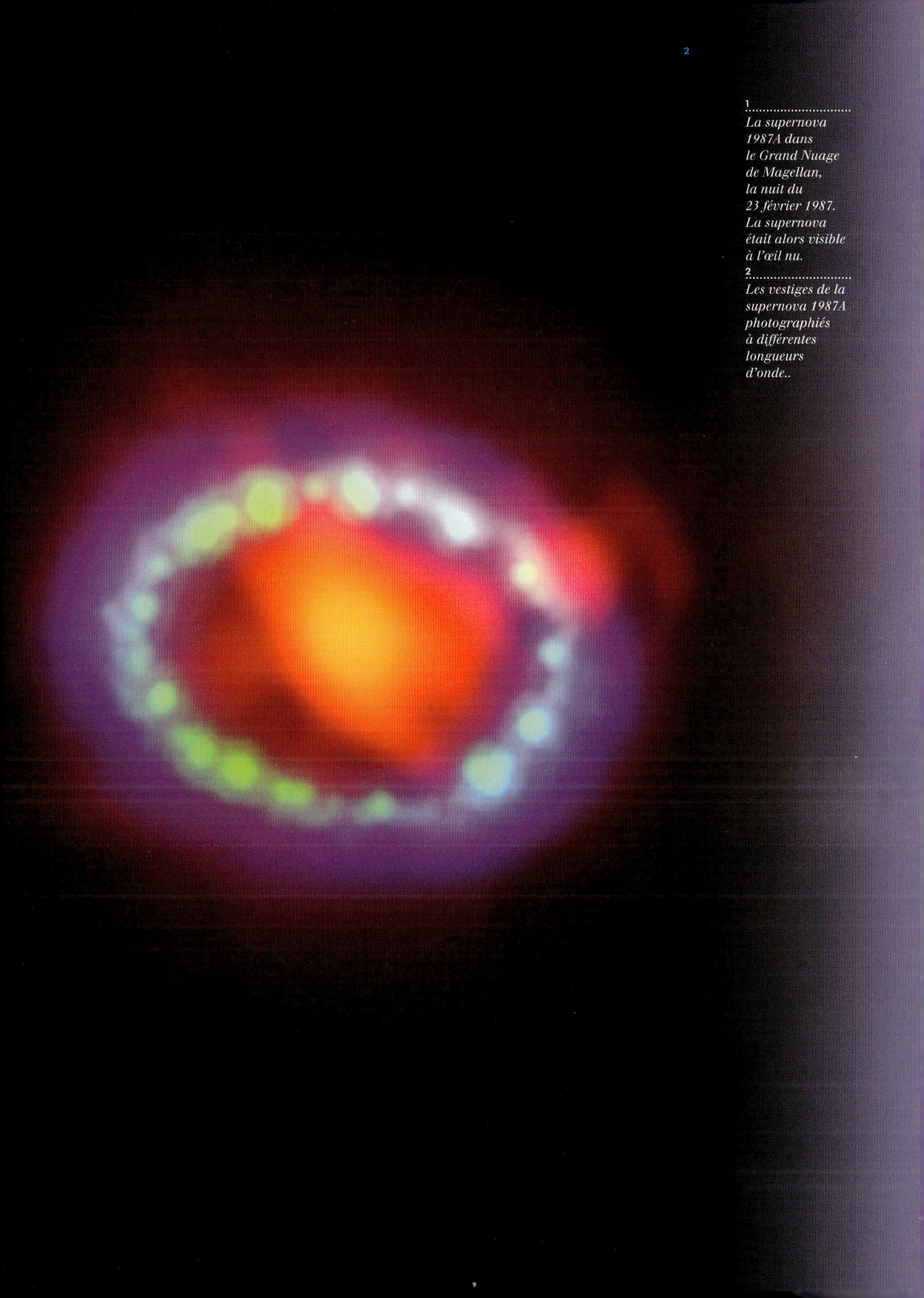

2

1

La supernova 1987A dans le Grand Nuage de Magellan, la nuit du 23 février 1987. La supernova était alors visible à l'œil nu.

2

Les vestiges de la supernova 1987A photographiés à différentes longueurs d'onde..

L'avantage, c'est que les neutrinos peuvent provenir des endroits les plus difficiles à voir dans l'Univers, puisqu'ils traversent tous les obstacles. Par exemple, nous avons pu détecter des neutrinos qui viennent du centre du Soleil, que nous ne pouvons pas voir directement, et qui nous ont définitivement prouvé – ce fut un événement important – que le Soleil est vraiment un réacteur nucléaire.

Elle a enfin donné une chance unique à tous les chercheurs du monde de suivre en direct l'évolution d'un phénomène cosmique très exceptionnel et d'en tirer toutes les leçons. Aujourd'hui encore, ses vestiges ne cessent de se transformer sous les yeux de nos instruments, qui se perfectionnent sans cesse.

La détection de la supernova 1987A contribua aussi de façon importante à développer un nouveau champ d'observation en astronomie. Comme nous l'avons vu, presque tout ce que nous savons de l'Univers nous vient de la lumière, des photons donc, c'est-à-dire des ondes électromagnétiques visibles ou invisibles, que nous avons appris à détecter. Mais au début du XXe siècle, l'existence d'une autre particule en provenance des étoiles a été soupçonnée, puis découverte en 1956. Elle s'appelle le «neutrino». Ces particules singulières, les neutrinos, nous apportent des informations majeures et complémentaires à celles que nous donne la lumière.

Qu'est-ce qu'un neutrino ? C'est une particule qui interagit très peu avec tout ce qu'elle traverse. En voici un exemple concret: si je veux faire un abat-jour pour atténuer la lumière d'une ampoule, il me suffit d'interposer une feuille de papier. Si je voulais faire un abat-jour pour diminuer un flux de neutrinos, il faudrait que je construise un abat-jour de plomb de plusieurs années-lumière d'épaisseur, jusqu'à l'étoile voisine, au moins. Cela signifie que les neutrinos sont extrêmement «discrets», en ce sens qu'ils nous traversent sans aucune conséquence. Ainsi, nous en recevons des dizaines de milliards chaque seconde, en provenance du Soleil ! Ils traversent notre corps sans que nous en ayons la moindre impression et sans provoquer la moindre réaction. Voilà donc une énorme différence entre le photon et le neutrino, qui présente à la fois un grand avantage et un grand désavantage.

En effet, seuls des phénomènes très énergétiques comme la fusion thermonucléaire peuvent générer des neutrinos. Des scientifiques l'avaient démontré avec une expérience réalisée au milieu des années 1950 à partir d'un réacteur nucléaire, aux États-Unis. Mais parce que les neutrinos sont très discrets, et c'est là le grand désavantage, il faut développer des détecteurs qui contiennent des milliers de tonnes de substances capables de les capturer au passage. Actuellement, il n'y en a que quelques-uns dans le monde, c'est un art nouveau et très difficile. Par exemple, à Sudbury, au Canada, il existe un détecteur de neutrinos solaires. Il est construit dans une mine de nickel active, sous deux kilomètres de roche. Mais ce n'est pas tout. Il est composé d'une sphère d'acrylique contenant 1000 tonnes d'eau lourde, qui est entourée de 1700 tonnes d'eau légère, entourée de plus 5300 autres tonnes d'eau légère comme blindage contre la radioactivité ambiante. Voilà le type d'équipement qu'il nous faut pour capter quelques neutrinos.

L'explosion de la supernova 1987A devait enfin nous permettre de détecter des neutrinos provenant de l'extérieur de notre système solaire. La théorie prévoyait qu'au moment de son explosion, une supernova devait émettre 99 % de son énergie sous forme de neutrinos plutôt que sous forme de photons, c'est-à-dire de lumière. Ce fut

Double page suivante

Le Super-Kamiokande est un observatoire de neutrinos situé dans une mine sous une montagne au Japon.

exactement le cas avec cette merveilleuse supernova. Cet événement a marqué la science. Une nouvelle astronomie – *l'astronomie des neutrinos* – était née. Il faut bien comprendre combien une particule aussi discrète est difficile à saisir : l'observatoire japonais de Kamiokande, au Japon, est lui aussi enfoui dans une mine, sous une montagne, et contient une piscine de 40 mètres de diamètre remplie de plus de 50 000 tonnes d'eau. Cet observatoire blindé a capté douze neutrinos en provenance de l'explosion de SN 1987A. Treize autres neutrinos furent capturés dans des observatoires tout aussi cuirassés, en Ohio et dans un observatoire du Caucase. Imaginez : au total, vingt-cinq neutrinos ont été récoltés sur les cent millions de milliards qui avaient dû traverser les détecteurs. Si peu ? Pour les chercheurs, c'était une fortune ! Et ce qui les a fascinés davantage encore, c'est que ces neutrinos sont arrivés sur la Terre à peu près trois heures avant les premiers photons, exactement comme le prédisait la théorie.

Pourtant, les neutrinos ayant une masse très faible mais non nulle, ils se propagent un tout petit peu plus lentement que la vitesse de la lumière dans le vide. Alors pourquoi nous parvenaient-ils avant elle ? Parce que ces fameux neutrinos, émis au moment même de l'explosion de l'étoile, arrivent directement sur terre sans avoir au préalable interagi avec la matière de l'étoile autour de l'explosion, tandis que la lumière est diffusée par les gaz et les particules qu'elle rencontre et elle nous parvient en quelque sorte « freinée » en suivant un parcours en zigzag. Voilà ce qui explique que les neutrinos soient arrivés en premier sur la Terre.

Si nous nous arrêtons aussi longtemps sur ces particules si étranges, c'est qu'elles sont d'une extrême importance.

Quand l'étoile explose, elle libère une quantité colossale d'énergie sous forme de neutrinos, ce qui lui permet de disperser à des distances inimaginables les précieux éléments chimiques qu'elle a générés tout au long de sa vie.

Ce flot colossal et invisible de neutrinos crée aussi de puissantes ondes de choc, qui provoquent la synthèse d'éléments plus lourds que le fer, comme le zinc, l'or, le plomb, etc. Dans le sein de nébuleuses, pouponnières d'étoiles, ensemencées par tous les matériaux projetés par la supernova, naîtront un jour de nouveaux soleils. La seule quantité de fer éjectée par une supernova est estimée à vingt mille fois la masse de la Terre ! Par exemple, si je frotte mon pouce et qu'il devient rouge, je sais que c'est à cause de l'hémoglobine contenue dans mon sang, et que le fer de mon hémoglobine provient directement de l'explosion d'une étoile massive !

Jean-Pierre : C'est vrai, les nébuleuses formées par les restes de supernovae sont visuellement spectaculaires, mais n'oublions pas pour autant les fascinants cadavres stellaires qui se cachent parfois en leur centre : *les étoiles à neutrons*. Elles sont tellement minuscules qu'on ne peut les détecter qu'en les observant dans le domaine des rayons X et des rayons gamma. On les détecte aussi en ondes radio, sous la forme des fameux *pulsars*.

Dans notre galaxie, nous avons un superbe exemple d'explosion de supernova qui a été vue pour la première fois par un astronome chinois en l'an 1054 : la nébuleuse du Crabe. Mille ans plus tard, dans cette même région du ciel, on observe au télescope une nébuleuse très brillante, formée de filaments de gaz qui se dilatent encore dans l'espace à une vitesse de 1 500 kilomètres par seconde.

Mais surtout, on retrouve en son centre notre étoile à neutrons sous la forme d'un pulsar. Ce dernier irradie environ deux cent mille fois plus d'énergie que le Soleil. Mais son rayonnement n'est pas continu, il est périodique. Pourquoi ? Parce qu'une étoile à neutrons, cette petite boule de 10 kilomètres incroyablement compacte, a deux propriétés.

Vue d'artiste d'un «tremblement d'étoile» appelé «magnétar», dû au réajustement de la croûte d'une étoile à neutrons fortement magnétisée.

Jean-Pierre: Premièrement, elle tourne très rapidement sur elle-même, comme une patineuse qui, en faisant une pirouette, accélère sa rotation en ramenant les bras vers son corps. Comme elle, donc, le pulsar se contracte, ce qui accélère sa rotation. Ensuite, son champ magnétique, qui se trouve confiné sur une surface réduite comme peau de chagrin, est amplifié de plusieurs milliards. Souvenez-vous des expériences faites en classe avec des aimants et de la limaille de fer: on voit les «lignes de champ magnétique» qui sortent des pôles de l'aimant. Eh bien pour les pulsars c'est pareil. Les puissantes lignes de champ qui sortent des pôles magnétiques capturent toutes les particules électrisées de l'espace, les accélèrent et leur font émettre un rayonnement, essentiellement dans le domaine radio. Résultat: le pulsar émet deux faisceaux qui balaient l'espace, comme un phare. Quand ce faisceau passe devant la ligne de visée de la Terre, nous pouvons détecter un signal radio, une brève impulsion qui traduit son passage. C'est d'ailleurs ainsi que l'on a détecté des pulsars pour la première fois, à la fin des années 1960. On en connaît maintenant plusieurs milliers. Ils tournent tous à différentes vitesses. Comme on s'en doute, les plus anciens tournent moins vite car à force de tourner ils ont perdu un peu d'énergie. Le pulsar le plus lent met dix-huit minutes pour faire un tour. Le pulsar du Crabe, lui, est jeune et tourne sur lui-même trente fois par seconde – c'est le plus énergétique connu, mais pas du tout le plus rapide. Le record est détenu par un pulsar qui fait 716 tours par seconde! Les pulsars jouent un rôle très important dans ce qu'on appelle la «métrologie», c'est-à-dire la mesure extrêmement précise du temps et de l'espace. À la station de radioastronomie de Nançay on fait du chronométrage de pulsars, qui consiste à mesurer précisément les temps d'arrivée des impulsions reçues par le radiotélescope.

Ces mesures montrent que les pulsars ralentissent, mais si lentement que ce sont les horloges naturelles les plus régulières jamais identifiées. De véritables métronomes cosmiques, au point qu'on peut leur faire jouer de la musique!

Les radiotélescopes peuvent en effet fonctionner à la manière de tourne-disques géants. Les ondes radio qu'ils captent peuvent être amplifiées et recalées dans la gamme des sons audibles. Le chant des pulsars évoque alors le martèlement d'une percussion africaine. En 1991, j'ai eu la chance de collaborer avec le compositeur Gérard Grisey à la conception d'une œuvre musicale, *Le Noir de l'étoile,* écrite pour six percussionnistes «humains» et des *guest stars* au sens propre du terme, en l'occurrence des pulsars captés au moment du concert. Cette pièce d'une heure, très impressionnante, est jouée un peu partout dans le monde. Elle permet de relier le «temps des hommes», perçu par les auditeurs, au «temps des astres», délivré par ces lointains pulsars...

Avant d'aller plus loin, résumons-nous. La plupart des étoiles, disons neuf étoiles sur dix, ressemblent au Soleil et finissent leur vie en naines blanches. Peut-être un jour deviendront-elles d'énormes diamants. Les étoiles plus massives, une fois qu'elles ont brûlé leur carburant, explosent en supernovae, et forment en leur cœur des étoiles à neutrons, parfois détectables sous forme de pulsars. Nous sommes donc en présence de deux types de cadavres stellaires très peu lumineux, difficiles à observer.

L'étoile supermassive Eta Carinae, photographiée ici par le télescope spatial Hubble, est prête à exploser en hypernova et à former peut-être en son centre un trou noir.

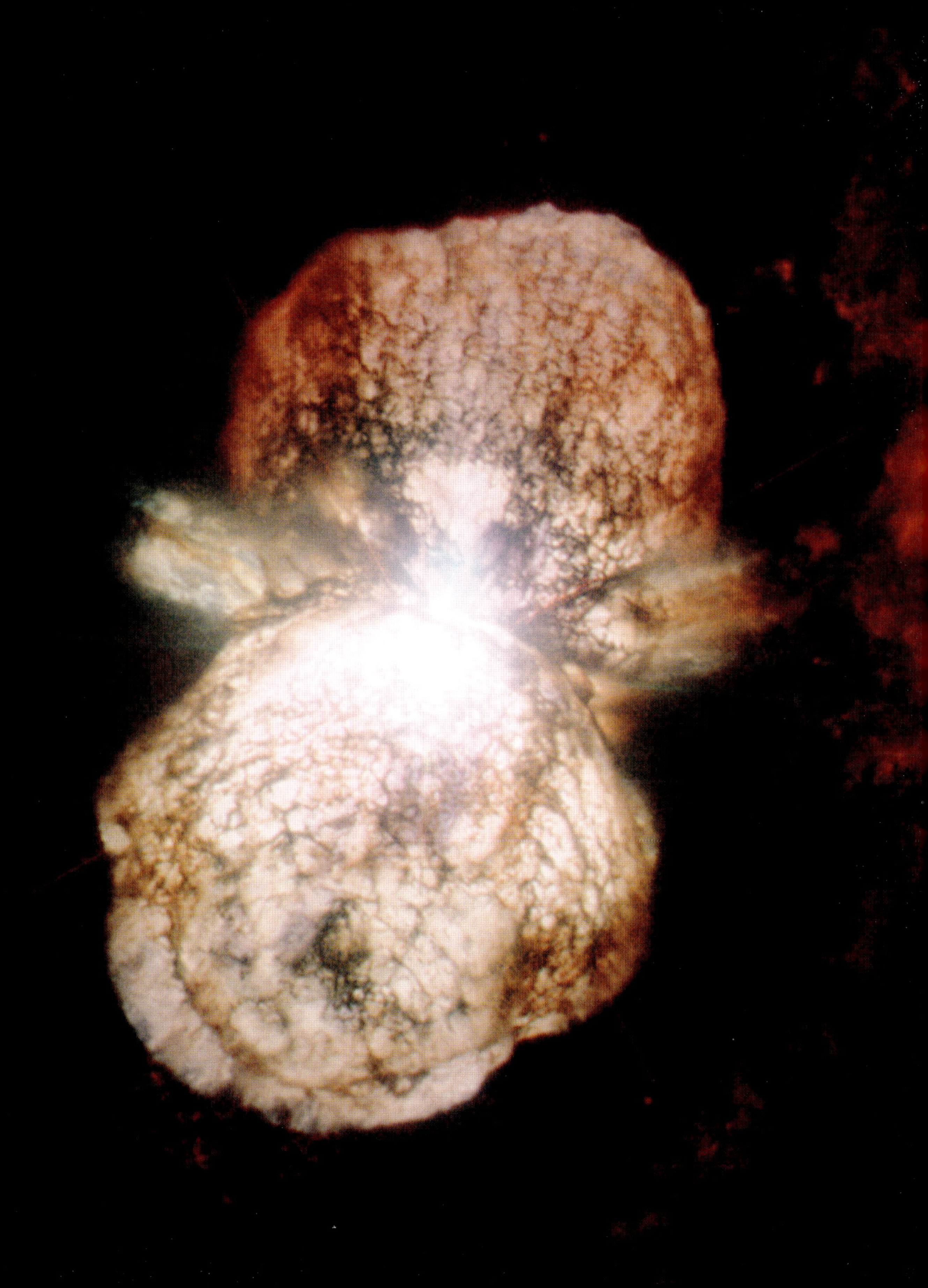

Mais il se trouve que de temps en temps, peut-être une fois sur 10000 étoiles, il y a des sortes d'étoiles monstres, des géantes hypermassives dont la masse dépasse quarante fois celle du Soleil. On en a un exemple spectaculaire dans notre galaxie, avec l'étoile Eta Carinae. Sa masse atteint cent vingt fois celle du Soleil. Or, les étoiles extrêmement massives ont des vies relativement brèves – quelques millions d'années tout au plus, au lieu de plusieurs milliards. Eta Carinae semble déjà terriblement perturbée : avec deux énormes boursouflures de gaz qui s'échappent des deux côtés, elle est condamnée à court terme. Elle va exploser violemment en ce qu'on appelle une « hypernova », phénomène qui, comme son nom le suggère, est encore plus énergétique qu'une supernova. En quelques secondes seulement une hypernova libère l'énergie lumineuse d'une galaxie tout entière ! On observe d'ailleurs chaque année de brusques explosions de rayons gamma réparties dans l'ensemble de l'Univers observable ; celles-ci, restées longtemps mystérieuses, s'interprètent en majorité comme des explosions d'hypernovae. Mais le plus intéressant dans cette histoire est ce qui arrive au cœur de ces étoiles monstrueuses. Il s'effondre sur lui-même, bien sûr. Jusqu'où ? Les astrophysiciens ont démontré que les naines blanches et les étoiles à neutrons, ces résidus compacts de l'évolution stellaire « ordinaire », ne pouvaient dépasser une certaine masse critique, de l'ordre de deux masses solaires. Si un cœur d'hypernova dépasse cette limite, aucune forme de matière ne peut résister à l'écrasement gravitationnel.

Hubert : Oui, aucun romancier de science-fiction n'a inventé quelque chose d'aussi délirant qu'un trou noir. Alors c'est quoi, un trou noir ? Imaginons que la nuit prochaine, un malin génie, aux mains immenses, prenne notre soleil – notre soleil qui fait 1,39 million de kilomètres de diamètre – et l'écrase progressivement, jusqu'à ce qu'il devienne une petite boule de 6 kilomètres.

Que va-t-il se passer ? Demain matin, il n'y aura pas de lever de soleil, ce sera la nuit. Cette matière aura été tellement comprimée, son pouvoir d'attraction deviendra tellement intense, que même la lumière ne pourra s'en échapper. Voilà ce qu'on appelle un trou noir.

Jean-Pierre : Notre soleil n'est cependant pas assez massif pour se transformer naturellement en trou noir. Ce dernier est un objet tellement massif et compact qu'il va creuser un véritable puits, peut-être même un trou, on ne le sait pas encore vraiment, mais au moins un puits incroyablement profond. Tout objet qui va s'approcher de ce puits et en franchir le bord va inexorablement tomber au fond, même les rayons lumineux ne peuvent pas en sortir.

Le trou noir est le cas extrême où une région de l'univers est tellement courbée par la masse qu'elle contient qu'elle forme un véritable « puits de gravitation ». Une fois entré, il est impossible de faire marche arrière pour en ressortir. La surface d'un trou noir n'est d'ailleurs pas « solide », ni même matérielle : c'est juste une zone de non-retour, qu'on appelle « horizon des événements » parce que tout événement susceptible de se produire au sein du trou noir se passe hors de vue de tout astronome extérieur.

Hubert : Tu viens de dire que la lumière ne peut pas s'échapper des trous noirs, Jean-Pierre ? Ne faut-il pas maintenant expliquer comment on peut les observer ?

Jean-Pierre : Tu as raison ! En fait c'est une question qui m'a turlupiné dès que j'ai commencé à faire de la recherche, à la fin des années 1970.

Il se forme un autre type de cadavre stellaire encore plus dense, encore plus compact et encore plus difficile à détecter. C'est probablement l'objet le plus fascinant de toute la physique : le trou noir !

Au point que je me suis mis à calculer, par ordinateur, à quoi pourrait ressembler un trou noir si l'on pouvait s'en approcher de très près – dans un vaisseau spatial par exemple. L'image virtuelle que j'ai obtenue a fait le tour du monde et a connu bien des avatars, le dernier en date étant le film de science-fiction Interstellar, *sorti en 2014. Le trou noir faisait son entrée à Hollywood!*

Équipé d'ordinateurs monstrueusement plus sophistiqués que ce dont je disposais quarante ans plus tôt, les conseillers scientifiques du film ont recalculé, pour les besoins du scénario, l'aspect d'un trou noir entouré d'un disque de gaz. Leur résultat est plus «léché» que mon image de 1979, mais pas plus juste!

Hubert: C'est vrai, mais plus sérieusement, les astronomes aimeraient voir les trous noirs ailleurs que sur un écran d'ordinateur ou de cinéma!

Jean-Pierre: Absolument! Ils se sont attelés à cette tâche dans les années 1970 et se sont aperçus qu'on pouvait observer les trous noirs indirectement, grâce à la matière qu'ils capturent. Je m'explique. Comme le trou noir joue le rôle d'un aspirateur gravitationnel, il attire progressivement le gaz qui est à sa portée – par exemple du gaz arraché à l'étoile la plus proche. Ce gaz se met à tourbillonner tout autour du trou noir et à s'approcher en un mouvement de spirale, souvent aplati en forme de disque. Juste avant de disparaître derrière l'horizon des événements, le gaz est incroyablement comprimé et chauffé, il émet alors des rayonnements caractéristiques que nous pouvons identifier. On a repéré ainsi dans notre galaxie une bonne trentaine de trous noirs appartenant à un système binaire, en train d'avaler la matière de leurs compagnes gazeuses!

Hubert: Est-ce qu'on peut espérer un jour prouver directement l'existence des trous noirs? Cela a longtemps été un rêve des «physiciens relativistes», j'entends par là les astrophysiciens qui utilisent la relativité générale dans leurs calculs. Il se trouve que cette théorie prédit que la formation d'un trou noir s'accompagne d'une bouffée d'ondes gravitationnelles. C'est quoi exactement?

Jean-Pierre: Eh bien lorsque des corps massifs se déplacent dans l'Univers, la courbure qu'ils impriment à l'espace-temps se propage de manière analogue à des vagues à la surface de l'eau. On désigne par «onde gravitationnelle» ce type de perturbation, qui se déplace à la vitesse de la lumière. Einstein l'avait prédit en 1916, mais ces ondes sont de si faible amplitude qu'elles sont incroyablement difficiles à détecter. La première preuve indirecte de leur existence a été obtenue dans les années 1980 grâce aux observations d'un pulsar binaire. Il s'agit d'un système d'étoiles doubles dont l'un des membres est un pulsar, et dont la période orbitale décroît précisément comme le prédit la relativité générale, si l'on considère que ce système perd son énergie par émission d'ondes gravitationnelles. Entre-temps, les physiciens ont mis au point des détecteurs d'ondes gravitationnelles, qu'on appelle des «interféromètres». L'un d'entre eux, nommé «LIGO», est l'instrument scientifique le plus sensible jamais construit par l'homme. Il est capable de mesurer la variation infinitésimale d'un segment de l'espace qui se produit au passage d'une onde gravitationnelle: le diamètre de la Terre, à peu près 10000 kilomètres, varie à peine de la taille d'un atome! Le plus beau dans tout ça est qu'ils viennent juste de réussir leur pari. En septembre 2015, LIGO a détecté l'événement baptisé GW150914, première observation directe d'une onde gravitationnelle émise lors de la fusion de deux trous noirs d'à peu près trente masses solaires. Ils ont formé un trou noir unique, mais dans la fusion, trois masses solaires environ se sont littéralement volatilisées en énergie gravitationnelle, en moins d'une seconde. On a calculé que cette énergie valait dix fois l'énergie lumineuse dégagée par l'Univers tout entier, avec ses centaines de milliards de galaxies! Et au passage, cette détection a démontré l'existence des trous noirs, dont certains doutaient encore, dans la mesure où seule la fusion de trous noirs peut donner une onde gravitationnelle de cette ampleur.

Cette vue d'artiste illustre l'activité du trou noir supermassif au cœur de la Voie lactée. Il est situé dans la région connue sous le nom Sagittarius A et possède une masse d'environ quatre millions de fois celle de notre soleil.*

Double page suivante

Simulation numérique montrant le mirage gravitationnel qui serait créé par un trou noir passant devant le Grand Nuage de Magellan.

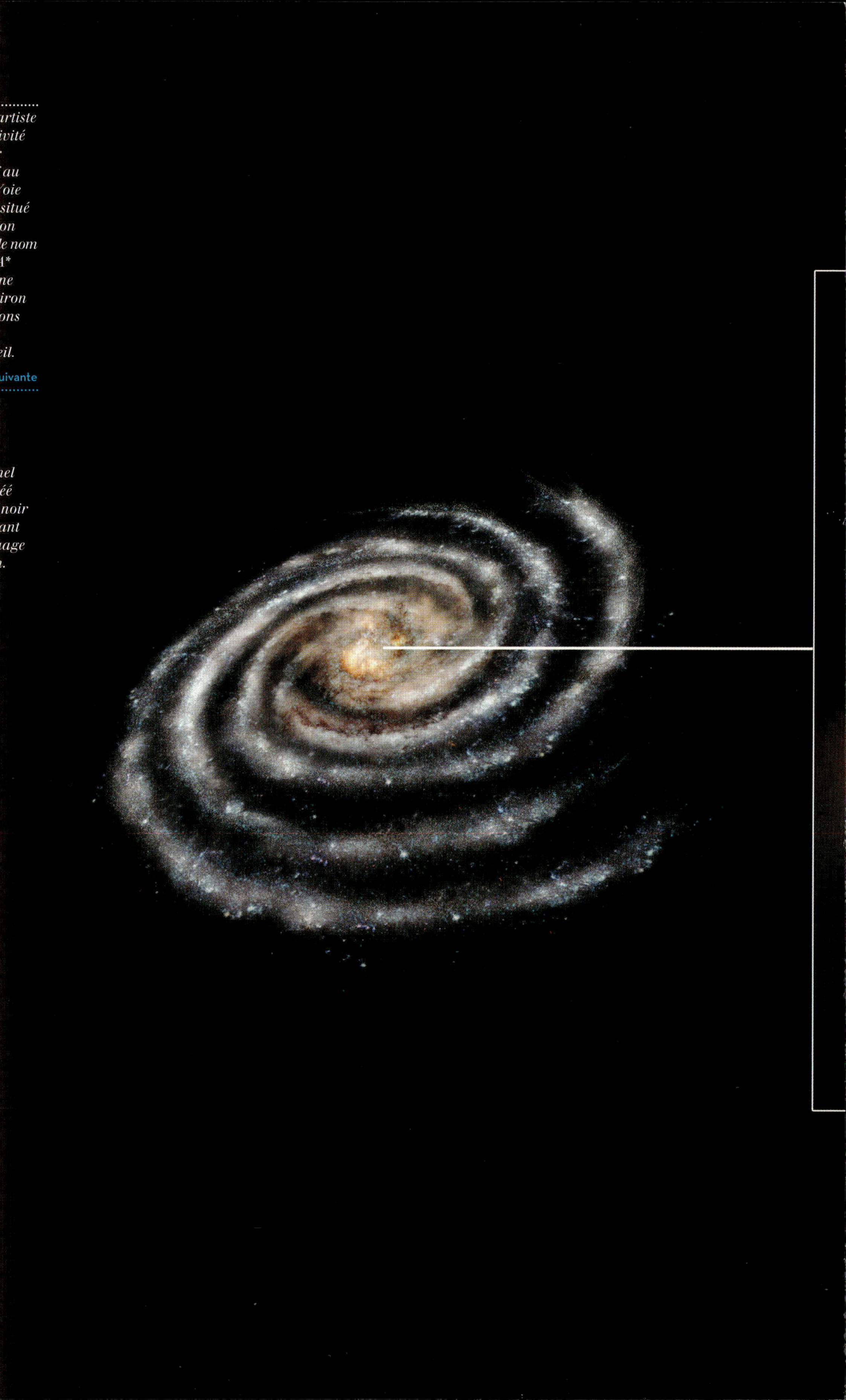

1
Vue d'artiste d'un quasar et du trou noir qui lui est associé – d'où émanent des rayons X.
2
Couple de trous noirs supermassifs formé par la fusion de deux galaxies, vu aux infrarouges.

1

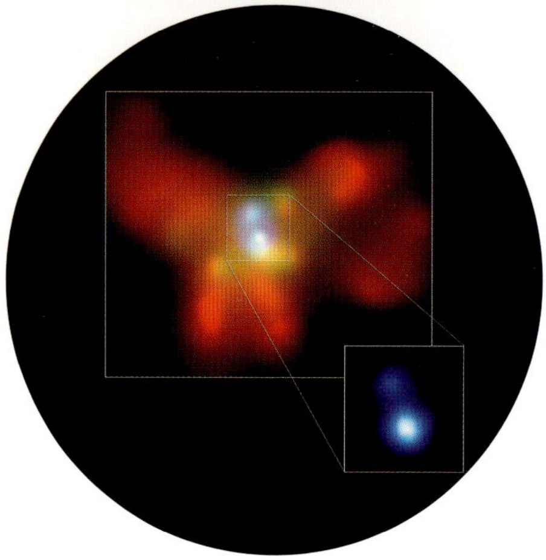
2

C'est en effet une découverte extraordinaire, même si elle était attendue depuis plusieurs années. Tout comme l'astronomie des neutrinos dont j'ai parlé plus haut, l'astronomie des ondes gravitationnelles ouvre une nouvelle fenêtre sur l'Univers et fera progresser l'astrophysique à pas de géant.

Une autre découverte très intéressante de ces dernières années est celle de *couples* de trous noirs. Il existe par exemple une galaxie très lointaine de type *quasar*, appelée OJ287, qui abrite l'un des ogres les plus monstrueux de l'Univers: un trou noir qui fait dix-huit milliards de fois la masse du Soleil, c'est quasiment inimaginable! Or ce trou noir semble avoir un compagnon, un autre trou noir, qui, par rapport à lui, paraît un peu ridicule, puisqu'il ne pèse «que» cent millions de fois la masse du Soleil! C'est donc un deuxième trou noir massif, un satellite de cet ogre des ogres.

Hubert: On pense maintenant qu'il existe des trous noirs géants au centre de presque toutes les galaxies. Par conséquent, on peut se poser la question: au centre de notre Voie lactée, y a-t-il également un trou noir? Pour y répondre, il faut d'abord admettre qu'il est très difficile de savoir ce qu'il y a au centre de notre propre galaxie, parce que notre Système solaire est situé à sa périphérie. Donc, entre le centre de la galaxie et nous, il y a énormément de matière, du gaz et des étoiles, de sorte que son cœur nous demeure caché. Mais des chercheurs ont réussi à observer une portion de son centre à l'aide de télescopes qui voient dans les longueurs d'onde infrarouges. Dans l'infrarouge, les nuages de gaz et de poussières deviennent, d'une certaine manière, transparents. À l'aide de technologies extrêmement précises, ces astronomes ont observé les mouvements des étoiles qui semblent très près du centre. Et ils sont arrivés à démontrer que ces étoiles décrivaient des ellipses, un peu comme la Terre autour du Soleil et la Lune autour de la Terre. Ils ont donc suivi le mouvement de ces étoiles pendant une vingtaine d'années et ont pu déterminer qu'il y a bien un trou noir au cœur de notre galaxie. Il est connu sous le nom de Sagittarius A*. Le 14 septembre 2013, les astronomes ont capté la plus grande émission de rayons X jamais détectée venant de Sagittarius A*. Mais, à l'échelle d'autres trous noirs géants, il est petit: il ne fait que quatre millions de fois la masse du Soleil.

Jean-Pierre:
De nombreux trous noirs sont très actifs, d'autres, au contraire, sont tranquilles. Notre trou noir est très calme, c'est un trou noir «rassis», comme on dit. Nous nous sommes demandé pourquoi. Vraisemblablement, c'est qu'un trou noir est un ogre, et un ogre, par définition, a besoin de manger.

Au début de la formation d'une galaxie il y a beaucoup de matière qui traîne. À ce moment-là, les trous noirs peuvent développer leur pleine activité et avaler tout ce qu'ils désirent. Quand le trou

Le diamètre de notre trou noir galactique est de l'ordre de 25 millions de kilomètres. C'est grand, mais à cette distance, il paraît aussi petit qu'une pièce de monnaie placée sur la Lune, vue depuis la Terre! Cela dépasse de très loin la résolution des plus puissants télescopes! Mais les astronomes ne se laissent jamais décourager par les difficultés techniques.

noir a fait le vide autour de lui, il se tait. On ne trouve plus dans son entourage que de rares manifestations électromagnétiques, des rayons gamma et des jets de particules comme on peut en voir autour des trous noirs actifs.

Une autre façon étonnante dont les trous noirs géants peuvent se manifester consiste à détruire des étoiles entières. Dans les années 1980, avec quelques collègues, j'ai calculé comment les gigantesques forces de gravitation engendrées par un trou noir géant – comme Sagittarius A* – pouvaient briser des étoiles s'approchant trop près de lui. Dans un premier temps, l'étoile est aplatie dans le plan de son orbite, puis rebondit et explose en produisant une grande flambée de rayonnement. J'ai appelé ça les « crêpes stellaires flambées ». À l'époque ce n'était qu'un calcul théorique, mais depuis les crêpes stellaires ont bel et bien été découvertes au télescope. Comme quoi les trous noirs ne sont pas que des ogres voraces, ce sont aussi de fins gastronomes!

Hubert: Cependant, même s'il y a un trou noir géant au centre de notre propre galaxie, il ne faut pas paniquer, car ces ogres cosmiques ne dévorent que ce qui se trouve à leur portée. Nous sommes situés à vingt-six mille années-lumière de là, nous ne risquons absolument rien.

Jean-Pierre: Cette énorme distance nous rassure, néanmoins elle pose un autre problème aux astronomes: comment avoir la résolution télescopique suffisante pour accéder à la taille de Sagittarius A*?

3

Vue d'artiste d'un trou noir en train de dévorer la matière d'une étoile voisine, avec émission d'intenses rayonnements.

Deux projets en cours se proposent de contourner le problème en recourant aux techniques d'interférométrie, celles dont nous a déjà parlé notre ami Norbert Bartel. Le premier projet, nommé Event Horizon Telescope, consiste à faire fonctionner de concert des radiotélescopes du monde entier afin de constituer un réseau instrumental géant, de la taille de la Terre. La résolution ainsi obtenue sera suffisante pour réaliser une image du trou noir galactique – plus exactement de son « ombre », puisque cela ressemblera à un disque noir. On espère les résultats pour 2017. Le second programme, Gravity, est fondé sur un instrument en cours de montage sur le Very Large Telescope (VLT) de l'Observatoire européen austral (ESO), au Chili. Il n'est pas destiné à produire des images, mais à suivre avec une précision fantastique le déplacement des étoiles les plus proches de Sagittarius A*, ou de connaître l'emplacement du bord interne du disque de gaz qui l'entoure.

Décidément, les années que nous vivons en ce moment couronnent des décennies d'effort pour mettre en évidence les trous noirs. Je me souviens que lorsque, encore tout jeune chercheur, j'ai commencé à travailler sur ces astres fascinants, beaucoup d'astronomes ne croyaient pas du tout à leur existence réelle. Aujourd'hui, ils auraient même tendance à en voir partout!

Hubert: Au bout du compte, un trou noir, c'est une sorte d'étoile, n'est-ce pas? Et les trous noirs, tout comme les étoiles, s'insèrent dans un cadre beaucoup plus large et encore plus spectaculaire, qui est celui des galaxies.

Nous pénétrons maintenant dans le vaste domaine de la cosmologie. L'une des découvertes majeures du siècle dernier, c'est que notre galaxie, notre Voie lactée, dont on a pensé pendant longtemps qu'elle englobait tout l'Univers, était loin d'être unique!

NEWTON, EINSTEIN ET LA GRAVITATION

PAR JEAN-PIERRE LUMINET

Pour comprendre plus profondément comment peut se former un trou noir, il nous faut abandonner temporairement les idées habituelles que nous avons héritées de Newton sur la force d'attraction universelle, pour passer à un niveau supérieur de compréhension.

Faisons un jeu, une expérience de pensée. Einstein disait, d'ailleurs, que c'était ainsi qu'il avait mis au point sa théorie. Newton affirme qu'il existe un « espace absolu », rigide et insensible à tout ce qui peut se passer en son sein. Il est intouchable, inaccessible, imperméable, c'est en ce sens qu'on le qualifie d'absolu.
Si l'on voulait représenter cet espace absolu en le réduisant à deux dimensions au lieu de trois, on prendrait un rectangle d'une surface lisse, comme une toile tendue, parfaitement plate et rigide. Un rayon lumineux s'y déplace en ligne droite. Le chemin naturel d'une petite bille lancée en ligne droite sur le tissu sera donc de continuer à suivre le fil de trame, autrement dit de poursuivre son chemin rectiligne. Même si elle passe à proximité d'un objet, la petite bille ne dévie pas de sa ligne droite. Comment traiter la gravitation dans un tel espace ? Plaçons le Soleil au milieu de l'espace – et nous pouvons le figurer par une bille de plomb posée au milieu du rectangle de toile –, la trame de l'espace reste parfaitement identique.
Or, il se trouve que les corps célestes ne se comportent pas ainsi. Les planètes et les comètes tournent autour des étoiles en décrivant des ellipses. Pour expliquer un tel phénomène, Newton va supposer que les étoiles exercent une force d'attraction sur les planètes. Quelle est-elle ? D'où vient-elle ? Cela reste complètement mystérieux. Au XXe siècle, pour de nombreuses raisons, Einstein supprime purement et simplement l'idée qu'il existe une « force de gravitation » et il remplace celle-ci par la courbure de l'espace-temps.
Pour comprendre intuitivement ce que recouvrent ces mots compliqués, il suffit de transformer le rectangle de toile rigide dont il était question plus haut en un rectangle de tissu élastique, un bout de bas nylon par exemple. Le tissu qui était rigide pour Newton devient élastique dans la théorie d'Einstein. Puisqu'il est élastique, il se déforme sous l'effet de ce qui s'y passe.
Si vous déposez une bille de plomb, sur un morceau de bas nylon tendu, le nylon s'incurve. Lorsque vous lancez une petite bille en ligne droite depuis le bord de la cuvette en nylon, elle ne va plus aller tout droit mais va décrire une trajectoire courbe autour du centre de la cuvette. Elle ne subit pourtant aucune force de la part de la masse de plomb, mais elle se comporte « comme si » elle était attirée par celle-ci. C'est la forme de l'espace qui l'oblige à adopter cette trajectoire. La gravité n'est plus une force mystérieuse, c'est un effet de la courbure de l'espace (plus précisément de l'espace-temps), qui donne l'illusion d'une force. Une étoile géante forme une cuvette géante ; une étoile naine, une petite cuvette ; et une planète, un léger creux. Tous ces effets sont aujourd'hui exactement calculés et mesurés.

1

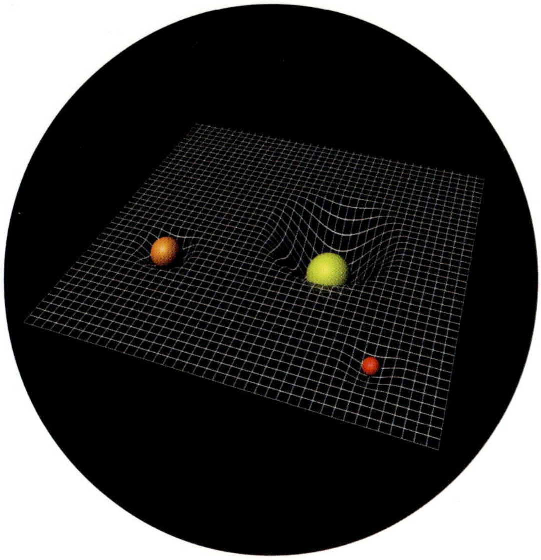

3

2

1/2

Isaac Newton et Albert Einstein, dont les théories permettent d'expliquer des phénomènes cosmiques.

3/4

Le tissu de l'espace-temps, qui était rigide pour Newton, devient élastique dans la théorie d'Einstein. Il se déforme sous l'effet d'une masse compacte et s'incurve.

Double page suivante

Page de gauche

La portion de ciel qui entoure l'étoile hypergéante jaune HR 5171A. Une douzaine d'étoiles seulement de ce type très rare peuplent notre galaxie. Ses dimensions sont plus de 1 300 fois celles du Soleil, ce qui en fait l'une des dix étoiles les plus grosses découvertes à ce jour. Des observations ont montré qu'elle a pour compagnon une autre étoile plus petite.

Page de droite

Vue infrarouge de la région de formation stellaire Rho Ophiuchi, prise par WISE, l'explorateur infrarouge large champ de la NASA.

LE ROYAUME DES GALAXIES

Double page précédente

Il existe des milliards de galaxies dans l'Univers. Elles sont d'âges et de formes très variées. Ici, des galaxies spirales.

Double page suivante

Dans 4 milliards d'années environ la galaxie Andromède va entrer en collision avec la Voie lactée. (Montage).

EINSTEIN DISAIT QU'UN HOMME QUI N'EST PLUS CAPABLE DE S'ÉMERVEILLER A PRATIQUEMENT CESSÉ DE VIVRE. CE N'EST CERTAINEMENT PAS LE CAS DE NOS GUIDES, HUBERT ET JEAN-PIERRE. ARRIMÉS À LEUR TÉLESCOPE AMATEUR, DANS LA NUIT PROFONDE, ILS OBSERVENT AVEC UN ÉMERVEILLEMENT RENOUVELÉ LE CIEL NOCTURNE ET, PLUS PRÉCISÉMENT, LA GALAXIE D'ANDROMÈDE.

Jean-Pierre: C'est étonnant de savoir que les galaxies, avec leurs milliards d'étoiles, sont des structures colossales qui, pourtant, bougent. Au hasard de leurs mouvements, des galaxies peuvent même rentrer en collision! En effet, les galaxies regroupées en amas ne sont pas séparées entre elles par d'énormes distances comparées à leurs tailles propres. Dans ces conditions, les rencontres, collisions et fusions de galaxies sont la règle. Nous en aurons justement un bel exemple à proximité: la galaxie d'Andromède, cette petite tache blanche que l'on voit ce soir à l'œil nu, nous fonce dessus, et dans environ cinq milliards d'années, elle va entrer en collision avec notre Voie lactée. Pas d'inquiétude, n'oublions pas que dans une galaxie, les étoiles sont dispersées dans le quasi-vide interstellaire, ce ne sont pas des boules solides qui vont se fracasser les unes contre les autres. Nos deux galaxies vont s'interpénétrer lentement, se croiser dans un ballet majestueux. Elles pourront fusionner en une seule, ou alors se traverser en se déformant et engendrer des formes spectaculaires. Grâce aux collisions entre les grands nuages de gaz qui les font se condenser, les interactions entre galaxies suscitent de véritables «flambées» de jeunes étoiles. C'est une bonne nouvelle: tandis que notre soleil agonisera, des milliers d'étoiles naîtront ailleurs grâce à l'irruption d'Andromède dans notre système galactique!

Hubert: Chaque jour, le télescope Hubble nous transmet des images d'un cosmos agité, il est devenu difficile d'imaginer que jusqu'en 1923, les savants le croyaient immobile. Immuable, figé. C'est incroyable de penser que même Einstein, au début de sa carrière, ne se doutait pas qu'il existait d'autres galaxies que la nôtre! Quand nous avons disposé d'instruments d'observation suffisamment puissants, nous avons découvert quelque chose de tout à fait extraordinaire, d'imprévu, qui allait changer non seulement les connaissances scientifiques, mais toute la pensée humaine: nous sommes dans un univers qui a une histoire. Nous sommes dans un univers qui est en changement profond.

Nous allons pénétrer dans ce royaume des galaxies avec Richard Ellis. Il travaille à l'observatoire du mont Palomar, en Californie, pas très loin du laboratoire JPL (Jet Propulsion Laboratory) où nous avions rencontré notre ami Edward Stone, responsable scientifique des sondes *Voyager*. Richard Ellis a été cinq ans directeur de cet observatoire et a travaillé, tout comme ce dernier, à l'Institut de technologie de Californie (Caltech). Cet institut a marqué de son empreinte toute cette région de la Californie et, surtout, toute la recherche en astronomie.

LE COSMOS GRANDEUR NATURE

Quittons les rives de l'océan Pacifique, non loin de San Diego, pour atteindre le sommet du mont Palomar, situé à 1 706 mètres d'altitude. En gravissant ce chemin en lacets, parfois périlleux, on ne peut qu'évoquer l'exploit que fut le transport, dans les années 1930, des différentes parties constituantes d'un télescope audacieux. Il allait devenir, à l'époque, le plus grand au monde: son tube pèse plus de 560 tonnes et son miroir mesure 5,1 mètres de diamètre. Ce trajet sinueux vers le sommet fut dès lors baptisé: « la route des étoiles ». L'instigateur de cette entreprise grandiose, George Ellery Hale, n'en était pas à ses débuts, il avait déjà mis au point deux autres télescopes d'importance. À la fois astronome et entrepreneur, il savait choisir les meilleurs architectes et commander les technologies à la fine pointe. Cet homme au tempérament tourmenté travaillait corps et âme avec et pour les pionniers de la toute nouvelle recherche astronomique, qui commençaient à découvrir l'étendue démesurée de notre univers. La réalisation de cet observatoire, débutée en 1928 et achevée en 1947, est aujourd'hui considérée comme un exploit technique aussi spectaculaire que celui de la conquête de la Lune dans les années 1960.

Arrêtons-nous simplement sur la fabrication du miroir du télescope principal. Ce télescope appelé Hale – du nom de son créateur – est dit « réflecteur ». Sa composante optique primordiale est un miroir concave, qui collecte et concentre la lumière, sans faire usage de lentilles. G. E. Hale souhaitait utiliser un très grand miroir, pour obtenir une image plus nette des lointaines galaxies, dont on examinait alors la nature. Ce miroir a une dimension telle qu'il dut faire appel à un tout nouveau matériau: le pyrex blanc. Selon ses plans, ce verre d'une composition spéciale, très épais, était doté d'une courbure précisément uniforme qui résisterait aux variations de température. Jamais miroir d'une pareille envergure n'avait été réalisé. Sa seule fabrication nécessita six ans de travail, de 1929 à 1934.

Malgré tous les soins apportés à sa fabrication, la première coulée du disque de verre, en mars 1934, fut un échec. Quand la coulée fut réussie, il fallut faire refroidir ce verre très particulier pendant près de dix mois. Précisons que ce disque pèse 18 tonnes et que son épaisseur varie entre 49,8 cm au centre et 59,7 cm au bord extérieur, ce qui explique le temps nécessaire à ce refroidissement. Cette étape cruciale fut achevée en mars 1936. Alors, durant deux semaines, ce miroir étonnant, connu par les Américains sous le nom de « Big Eye », parcourut les États-Unis par train, d'est en ouest, dans un wagon spécialement rembourré. Les nombreux arrêts nécessaires en cours de route permirent à une partie de la population américaine de célébrer son passage: cet exploit technologique leur donnait l'espoir de sortir de la période très sombre qui suivait la crise financière.

Une fois le miroir arrivé à Pasadena, les experts de Caltech entreprirent le polissage et le meulage long et minutieux de sa surface, puis parachevèrent ses qualités optiques. Pour finir, ils l'enduisirent d'une mince couche d'aluminium, procédé qui est renouvelé tous les deux ans depuis. Cette aventure nécessita onze années avant d'arriver à terme, incluant le retard occasionné par la Seconde Guerre mondiale. Enfin, en 1948, les savants furent prêts à lui faire affronter la difficile ascension du mont Palomar pour y être installé.

Les autres composantes du télescope firent l'objet de soins tout aussi intenses. Son ancrage plonge dans le granit, sa rotation repose sur une plate-forme de 1 000 tonnes, ses mouvements sont assurés par de puissants moteurs finement calibrés, etc. Tous ces travaux méticuleux firent du télescope Hale le plus grand et le plus performant du monde, jusqu'en 1993. De nombreuses découvertes y furent faites, dont celles d'amas d'étoiles, de galaxies parmi les plus lointaines, des quasars, et même de l'âge de l'Univers ! Grâce au télescope Hale, les astronomes purent obtenir un relevé photographique du ciel nocturne et constituer le premier atlas photographique du ciel : le Palomar Observatory Sky Survey, un legs inestimable.

On ne cessa jamais de perfectionner cet instrument de qualité. Les astronomes ont même décidé de rendre le Hale Telescope aussi performant que les télescopes en orbite, comme Hubble. Au fil des ans, ils lui ajoutèrent des équipements optiques qui lui permettent de recueillir des images toujours plus précises et détaillées. En 2003, ces mises à niveau lui ont permis de dénicher un petit astre fort lointain : Sedna. Cette planète naine d'environ 1 000 kilomètres de diamètre demeure, encore à ce jour, l'astre le plus éloigné du Soleil que l'on connaisse. C'est dire combien ce télescope demeure performant !

Quand on arrive au sommet de la « route des étoiles » pour pénétrer dans l'enceinte de ce télescope légendaire, on a l'impression de vivre un petit événement. Le professeur Richard Ellis travaille sous la coupole, dans une vaste enceinte maintenue sombre et froide, pour que les caméras électroniques demeurent sensibles aux lointaines lumières du cosmos.

Richard Ellis est une autorité dans le domaine de la cosmologie. Né en Angleterre, c'est en étudiant les lunes de Jupiter avec un télescope de sa fabrication qu'il devint, tout jeune, amoureux fou de cosmologie. Directeur de l'observatoire du mont Palomar durant cinq années, il joue maintenant un rôle crucial dans un projet ambitieux, en construction, qui ne verra le jour qu'en 2024 : celui de la fabrication du Télescope géant européen (E-ELT). Prévu à 3 060 mètres d'altitude, sur le Cerro Armazones, au nord du Chili, ce télescope aura une résolution dans le domaine optique cent fois meilleure que les plus grands instruments existants. Richard Ellis est décoré et honoré de toutes sortes de façons, mais demeure un homme simple qui aime communiquer et transmettre les avancées de la science, même lorsqu'elles semblent improbables pour les profanes. Ses recherches l'ont mené vers l'étude des galaxies, des amas de galaxies, puis vers la quête des supernovae les plus anciennes, qui peuvent fournir des indices majeurs pour expliquer la formation des toutes premières galaxies. Intégré au sein d'un groupe de chercheurs de très haut niveau, Richard Ellis et ses collègues ont stupéfié la communauté internationale, avec ces nouvelles données.

Ses nombreuses découvertes scientifiques ont fait de l'observatoire du mont Palomar un lieu mythique, un véritable temple de l'astronomie, toujours en évolution.

1

2

1
Le grand miroir « Big Eye » est extrait de son support environ tous les deux ans pour être enduit d'aluminium.

2
L'Observatoire du mont Palomar, au nord de San Diego, Californie.

Les cités d'étoiles

RACONTÉES PAR RICHARD ELLIS

« Je m'appelle Richard Ellis et je travaille à treize milliards d'années-lumière de la Terre. Je m'intéresse passionnément aux galaxies, à leur composition, à leurs mouvements, à découvrir leur âge véritable et l'origine de leur diversité. Les galaxies sont une composante fondamentale de toute recherche astronomique. Pourtant, il y a à peine cent ans, nous n'imaginions même pas leur existence. Depuis, nous avons appris que ces splendides cités d'étoiles en contiennent plus de 100 milliards chacune, comme c'est le cas dans notre Voie lactée. Nous savons aussi que notre galaxie a la forme d'un disque qui tourne sur lui-même. C'est une galaxie moyenne, d'un diamètre de cent mille années-lumière. Notre soleil – et son cortège de planètes – est situé dans l'un des quatre bras de la Voie lactée, qui tourne sur elle-même en deux cent quarante millions d'années. Les galaxies les plus proches de la nôtre se situent à quelques dizaines de millions d'années-lumière. Les seules visibles à l'œil nu sont la galaxie d'Andromède dans l'hémisphère Nord et les deux Nuages de Magellan dans l'hémisphère Sud.

Pour mieux saisir à quelle vitesse l'astronomie a progressé depuis cent ans, il faut revenir un peu en arrière. En tant que chercheur au télescope du mont Palomar, je suis un fier tributaire du legs de George Ellery Hale. Avant de trouver les fonds pour ériger l'observatoire du mont Palomar, il avait déjà mis sur pied un premier télescope d'une envergure de deux mètres et demi, sur les hauteurs du mont Wilson, près de Los Angeles.

Il avait alors invité un chercheur et jeune astronome du nom d'Edwin Powell Hubble – oui ! le même que celui dont le fameux télescope spatial porte le nom, vous allez comprendre pourquoi. Au moment où Edwin Hubble est embauché, en 1919, la question clé est celle de la découverte de la nature exacte de ces formes floues et mystérieuses qu'on appelle "nébuleuses", telles que la nébuleuse d'Andromède. La plupart des astronomes sont convaincus que ces nuées sont situées au sein même de notre Voie lactée, mais Edwin Hubble, lui, n'en est pas sûr. C'est un travailleur méthodique et acharné. Il est conscient d'avoir de la chance : il jouit de l'appui de George Ellery Hale ; il travaille dans un nouvel observatoire, avec un télescope dont le miroir est le plus grand à l'époque ; on lui fournit des plaques photographiques révolutionnaires, cent fois plus sensibles qu'auparavant. Il s'attaque donc immédiatement à cette question. Il prend une succession de clichés, les meilleurs possible, de ladite "nébuleuse" d'Andromède et remarque dans son voisinage une étoile très particulière, de la famille des "céphéides", qui peut servir de point de repère pour évaluer sa véritable distance. Ce n'était qu'un début.

L'un des milliards d'amas de galaxies dans le cosmos.

En 1923, coup de théâtre: après de savants calculs, Edwin Hubble arrive à mesurer la distance de la "nuée" d'Andromède. Or, elle est située bien au-delà de la Voie lactée, à plus d'un million d'années-lumière! Il ouvre la porte à un univers gigantesque, auparavant inimaginable.

Edwin Hubble comprend, avec une stupéfaction grandissante, que les autres petites taches floues qu'il décèle à l'horizon pourraient bien être d'autres galaxies. La Voie lactée ne serait qu'un "univers-île", dans un archipel quasi infini de galaxies, dont tout reste à découvrir. Edwin Hubble poursuit donc sa quête. Il photographie et mesure une série de galaxies voisines, les plus proches, puis les compare entre elles pour en préciser la distance et la vitesse. Une nouvelle question clé se pose à lui: s'approchent-elles ou s'éloignent-elles l'une de l'autre? Un autre astronome américain, Vesto Slipher, avait entrepris depuis dix ans de mesurer les vitesses des galaxies, et à sa grande surprise, il s'était aperçu que toutes... s'éloignaient! Mais Slipher était un travailleur de l'ombre, il se souciait à peine de publier ses résultats. Hubble, lui, cherchait aussi la lumière des projecteurs... Il reprit les travaux de Slipher et les développa pour finalement constater que non seulement les galaxies s'éloignent de nous, mais qu'elles le font dans un mouvement extrêmement ordonné: plus elles sont loin, plus elles s'éloignent rapidement. »

Hubert: Cette fuite des galaxies, on l'appelle dans notre jargon «l'expansion de l'Univers». Et cette découverte fracassante bouscule le monde scientifique, puisqu'elle corrobore une théorie naissante. Mais Edwin Hubble lui-même a peine à y croire.
Jean-Pierre: C'est ici qu'entre en scène un astronome et physicien belge de grande envergure, le chanoine Georges Lemaître. Dès 1927 il avait élaboré une réponse mathématique à la question des vitesses de fuite des galaxies: les équations de la relativité générale montraient que ce ne sont pas les galaxies qui bougent à grande vitesse, mais l'espace tout entier qui se dilate. Du coup, il n'y a aucun centre particulier d'expansion. Les galaxies ne fuient pas seulement loin de nous, elles se séparent toutes entre elles, entraînées par l'expansion de l'espace. Les résultats de Hubble, publiés en 1929, en apportaient une preuve irréfutable.

1
Si nous rembobinons le film des galaxies qui s'éloignent nous retournons au point de départ, découvrons... le Big bang!

2
Geroges Ellery Hale, astronome fondateur de nombreux observatoires majeurs.

3
Edwin Powell Hubble (1889-1953) l'astronome américain qui a découvert qu'il y avait d'innombrables galaxies.

4
Georges Lemaître, un remarquable cosmologiste qui le premier a prédit l'expansion de l'Univers et son accélération. Sa théorie de l'atome primitif constitue le fondement de la théorie du Big Bang.

2

3

4

5
Vue d'artiste de l'expansion de l'univers depuis le Big bang, suivant la flèche du temps.

Double page suivante
De même qu'il est impossible de voir au-delà de l'horizon terrestre, en raison de la courbure de la Terre, les premiers instants de l'Univers nous demeurent cachés derrière un horizon cosmologique.

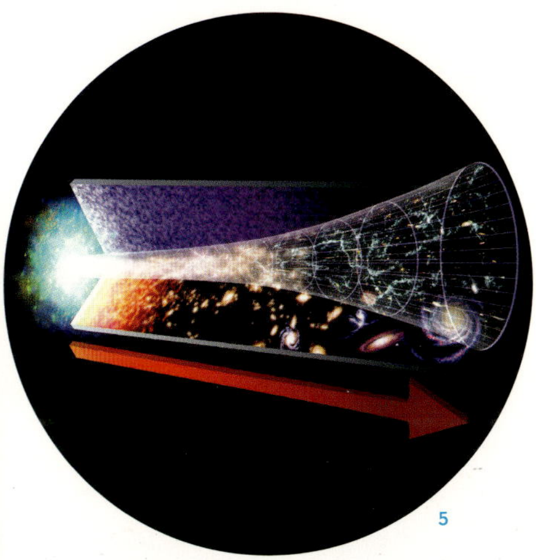
5

Mais en 1931, Georges Lemaître prolonge son raisonnement : que se passerait-il si on inversait le mouvement d'expansion de l'Univers, si « on rembobinait » le film ? Est-ce que les galaxies n'allaient pas se rapprocher ? Jusqu'où allaient-elles se rapprocher, et jusqu'à quel moment ? N'allait-il pas arriver un instant où elles seraient toutes « les unes par-dessus les autres » ? Bien sûr, répondait-il avec ses équations. Ce moment clé où l'Univers tout entier est à son point de départ, que Georges Lemaître avait appelé l'« atome primitif », est celui qu'on appelle maintenant le « Big Bang ».
Hubert : Le sobriquet de « Big Bang » fut attribué à ce présumé « début » de l'Univers par dérision, à la radio britannique, par un brillant astrophysicien que j'ai bien connu : Fred Hoyle. Il n'aimait pas du tout cette théorie, dont il était en fait l'opposant le plus farouche. Il a travaillé toute sa vie à tenter de l'infirmer. Mais la science ne se fait pas à coups de : « Je n'aime pas votre théorie » ou « J'aime votre théorie ». Fred Hoyle a persisté, jusqu'à sa mort, en 2001, à ne croire ni au Big Bang ni à l'expansion de l'Univers. Pour lui, malgré les preuves qui arrivaient de toutes parts, l'Univers demeurait immuable.

Cependant, cette idée d'un « début de l'Univers » me gêne tout de même, parce qu'elle pose immédiatement la question : qu'y avait-il avant ? Or, il n'y a pas de réponse. Quand on recule dans le temps, on peut observer ce qu'était l'Univers dans le passé et même remonter jusqu'à 13,8 milliards d'années, mais au-delà, on ne sait rien. Ce n'est pas forcément un début, c'est un horizon. Si vous êtes au bord de la mer et que vous voyiez de l'eau jusqu'à l'horizon, vous ne vous avisez pas pour autant de dire « ça s'arrête là ». Vous savez bien qu'il y a quelque chose au-delà, mais vous n'arrivez pas à le voir. Il faut considérer la science comme une aventure. C'est l'aventure de la connaissance : nous savons des choses jusque-là, mais au-delà de cela, pour l'instant, nous ne savons rien.
Jean-Pierre : Il faut remarquer que pendant plusieurs dizaines d'années la théorie de Lemaître a été très mal reçue par la communauté des physiciens, qui acceptait mal que l'on attribue un « début » à l'Univers. Pour convaincre ces scientifiques, il fallait en découvrir une preuve observationnelle. Comment faire ? Poursuivant la réflexion de Georges Lemaître, un chercheur américain d'origine russe, George Gamow, et son équipe postulent alors qu'à sa naissance l'Univers traverse une première phase tellement dense et tellement chaude qu'il demeure opaque. Arrive un moment où il est suffisamment dilaté pour qu'il devienne transparent à la lumière. Il se produit alors un prodigieux flash lumineux – or, un rayonnement pareil n'arrête jamais de se propager, sauf s'il est absorbé par quelque chose. Par conséquent, il devrait rester dans le ciel, encore aujourd'hui, une faible trace de ce flash, un pâle écho de la formation des mondes, comme l'avait formulé poétiquement Georges Lemaître. Mais était-il possible de détecter un signal devenu maintenant aussi ténu ?

Il faut attendre 1965 pour que deux ingénieurs américains, Arno Penzias et Robert Wilson, le repèrent de manière inattendue. Ils sont en train de mettre au point de nouveaux radiotélescopes

et n'arrivent pas à éliminer de leur récepteur un bruit parasite constant, répandu uniformément dans toutes les directions de la voûte céleste. Ce signal infime, ce murmure radio ne varie jamais, quoi qu'ils fassent pour s'en départir. Leurs tests méticuleux démontrent qu'il n'a pour origine ni le Soleil ni la Voie lactée.

Ces radioastronomes viennent de débusquer – sans le savoir – les vestiges du flash lumineux du Big Bang! Mais ils ignorent tout de cette hypothèse et ne savent que faire de leurs observations. Heureusement, le jour arrive où ils parlent de cette énigme à des théoriciens de la cosmologie. Ces derniers comprennent immédiatement que ces radioastronomes ont détecté le pâle écho de la formation des mondes.

1

2

Hubert: Nous appelons cela le «rayonnement fossile». Quand la nouvelle de cette découverte lui parvint, George Gamow écrivit tout de suite à Penzias et Wilson: «Si vous aviez lu les bons articles scientifiques en 1948, vous auriez vu que j'avais prévu l'existence de ce rayonnement comme une condition nécessaire de la valeur de la théorie du Big Bang.» Le petit bruit parasite qui leur causait tant de soucis était la preuve incontestable d'un postulat révolutionnaire! Dès cet instant, tous les scientifiques, même les plus sceptiques, se sont dit: eh bien, il n'y a rien à faire, une théorie dont les prédictions se réalisent avec une telle précision, on ne peut plus l'ignorer. Cette découverte de 1965 constitue donc une avancée très importante, non seulement pour l'histoire de l'astronomie et de la science, mais aussi pour toute l'histoire de la pensée humaine. Nous prenons alors conscience, avec des preuves solides, du fait que nous vivons dans un univers qui a une histoire.

Jean-Pierre: Évidemment, après cette découverte, les astronomes s'empressèrent de lancer de nouveaux satellites d'observation capables de cartographier ce rayonnement venu du fond des âges, ce vestige refroidi du Big Bang. Les données furent recueillies par des instruments toujours plus sophistiqués, comme les satellites COBE en 1992, le télescope WMAP en 2003 et le tout récent satellite

1
Arno Penzias et Robert Wilson, les ingénieurs nobélisés qui ont découvert par hasard le rayonnement fossile.

2
L'antenne radio qui a permis de découvrir le rayonnement de fond micro-ondes.

Planck en 2013. Cet instrument tourne autour du Soleil en un an en balayant systématiquement la voûte céleste, avec une vitesse de rotation d'un tour/minute. L'image ci-contre, présentée en fausses couleurs, nous montre le rayonnement fossile, appelé aussi « fond diffus cosmologique », tel que Planck a réussi à le capter.

On y voit les résidus du flash lumineux, apparu dans le ciel quand l'Univers n'était âgé que de trois cent quatre-vingt mille ans. Mais oui c'est très très jeune pour un univers de quatorze milliards d'années ! On peut y déceler de minuscules fluctuations de température, sous forme de couleurs artificiellement graduées, qui correspondent à des régions de densités différentes. Les points orangés sont les plus chauds et les bleus sont les plus froids. Les grains et les grumeaux minuscules représentent les germes des étoiles et des galaxies d'aujourd'hui. Et d'où vient ce tissu de grumeaux ? Il est lui-même le résultat de ce qui s'est déroulé avant le flash lumineux, au sein de l'Univers naissant, ultra-dense et chaud, qu'on ne peut pas voir. Imaginons ce tissu de grumeaux comme une peau de tambour sur laquelle on aurait répandu du sable et qu'on aurait fait vibrer. Au repos, le sable stabilisé formerait des motifs qui nous informeraient sur la nature des vibrations subies par la peau. Voilà comment, avec un bond de 14 milliards d'années, on peut relier les infimes petits grains de cette carte. Ce sont en quelque sorte des germes d'amas de galaxies. Ils vont devenir tout ce que l'on peut observer dans le cosmos d'aujourd'hui et l'on peut en déduire, notamment, son âge et sa composition.

Hubert: Nous, astrophysiciens, nous avons ce dont rêvent les historiens : une machine à remonter le temps. Un historien aimerait bien pouvoir se retrouver au temps de l'Empire romain pour voir ce qui s'y passait vraiment. Nous sommes non seulement « poussières d'étoiles », avec tous les éléments chimiques qui nous composent, mais aussi « cendres du Big Bang » avec les atomes d'hydrogène qui ont été formés dans l'Univers primordial.

Jean-Pierre: Mais il reste encore beaucoup de choses à découvrir. La découverte de l'expansion de l'Univers connaît aujourd'hui un rebondissement prodigieux. Notre ami Richard Ellis a participé activement à de nouvelles révélations.

Retournons sous la coupole de l'observatoire du mont Palomar. Richard Ellis entame le récit d'une découverte stupéfiante.

« Depuis le moment où Edwin Hubble a découvert l'existence d'autres galaxies, nous en avons observé des milliards et nous sommes allés de surprise en surprise. De nouvelles énigmes surgissent. La première est le fait que les galaxies tournent sur elles-mêmes beaucoup plus rapidement que ne l'explique la quantité de matière observable qu'elles contiennent. À pareille vitesse, elles auraient dû, normalement, se défaire. Quelque chose les retient ensemble.

Il doit exister dans le cosmos une matière invisible, qui n'émet ou n'absorbe aucune lumière, mais que l'on peut détecter par ses effets. Par exemple, cette matière invisible augmenterait considérablement la masse gravitationnelle des galaxies. Pour l'instant, sa détection directe échappe encore à nos instruments. Nous l'avons donc baptisée la « matière noire ».

Nous aurions pu tout aussi bien dire "matière transparente". Elle ne brille pas, n'intercepte pas la lumière, mais nous avons la preuve qu'elle existe, puisque sa présence augmente la vitesse de rotation des galaxies et qu'elle "dévie" la lumière en provenance d'autres sources. Du reste, nous avons décelé le même phénomène de matière noire autour des amas de galaxies. Nos calculs démontrent clairement qu'elles sont reliées entre elles par une plus grande quantité de "matière" que celle que nous pouvons observer.

Cette première énigme, l'existence d'une matière noire, nous occupe depuis plus de cinquante ans. Mais une seconde énigme concernant le mouvement de fuite général des galaxies est apparue plus récemment. Elle touche au destin même de notre univers.

1a

1b

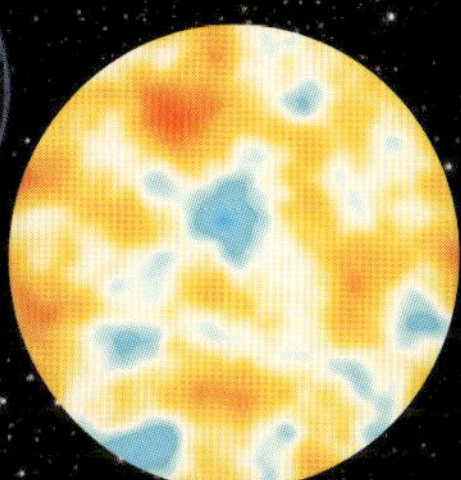

1c

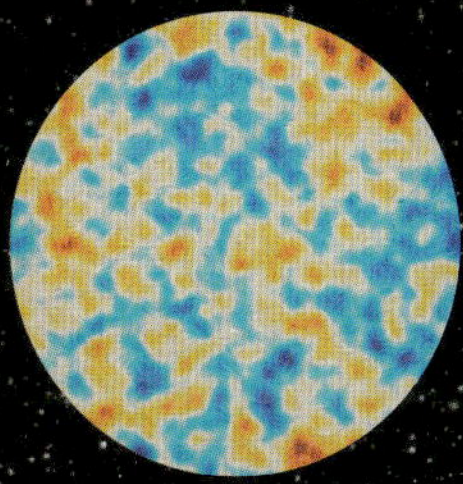

2

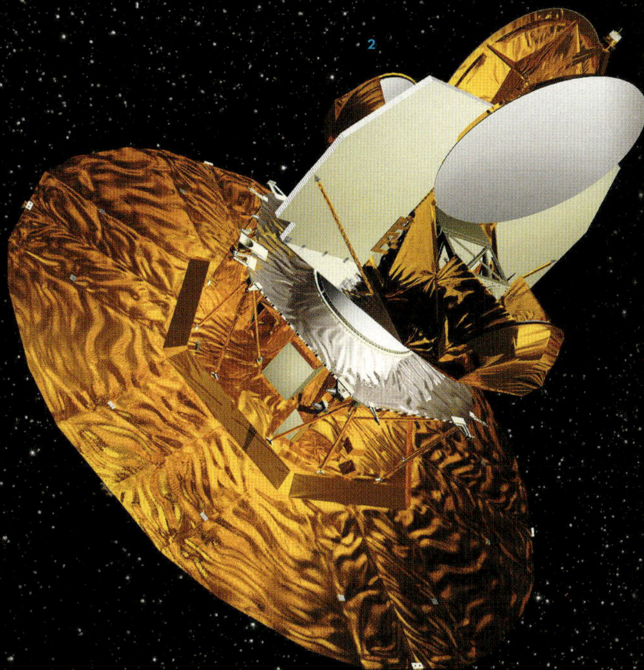

1
Les trois générations d'observatoires spatiaux qui ont permis de détecter le rayonnement fossile et de l'analyser.
1a. Cobe
1b. Wmap
1c. Planck

2
Le second des trois instruments, le Wmap.

La galaxie spirale Messier 83 (1) révèle une taille cinq fois plus grande quand on l'observe à l'infrarouge (2). Ses bras sont chargés d'une matière non brillante qui prolonge l'enroulement de plusieurs tours, comme une guirlande de lampions incrustée dans un carrousel fait de matière noire.

2

LE BOSON DE HIGGS

PAR HUBERT REEVES

Un chapitre important et instructif de l'histoire des sciences a récemment eu lieu : la découverte du boson de Higgs. Il vaut la peine d'être raconté, à la fois pour signaler l'importance cosmologique de cette particule et aussi pour l'éclairage que cet épisode donne sur la méthode scientifique.
Voici d'abord une anecdote fictive et pédagogique qui aide à comprendre ce qui s'est passé : il y a eu un crime. Le commissaire Maigret est venu. Avec son génie habituel il a élucidé la situation et identifié le coupable.
Tout est bien. Pourtant il reste un problème : on n'a jamais retrouvé l'arme du crime. Elle a vraisemblablement été jetée dans le puits. Mais ce puits est très profond. Impossible de l'explorer avec les moyens de la maison. On va, avec de nouveaux moyens, poursuivre la recherche. Si on trouve le fusil, tout se termine bien (sauf pour le suspect…). Mais s'il n'y a pas de fusil au fond du puits, que va-t-il se passer ? L'anxiété est grande.
Il existe en science une théorie appelée « modèle standard » qui fait merveille. Avec une précision remarquable elle rend compte de pratiquement tous les résultats de physique atomique et nucléaire.
Elle n'est jamais prise en défaut. Or, pour sa cohérence interne cette théorie nécessite l'existence d'une particule nouvelle très massive, environ cent vingt-cinq fois plus lourde que le proton : le boson de Higgs. On ne l'a jamais détecté.
En cela rien d'étonnant : pour le fabriquer il faut un accélérateur plus puissant que tous ceux qui existent. Telle était la situation en physique des particules avant la construction du grand accélérateur du CERN à Genève. Celui-là est en mesure de détecter ce boson. Mais va-t-il y arriver ? En science, nous l'avons appris maintes fois à nos dépens, on n'est jamais sûr de rien avant de l'avoir vérifié et confirmé. On ne doit jamais se contenter des preuves théoriques. Les observations de laboratoire sont cruciales.
En 2012, au CERN, le boson de Higgs est observé tel que prévu par la théorie. Ouf ! Il est bien là où on l'attendait. Grande victoire pour la science… Une fois de plus, la formidable aptitude de l'esprit humain à déchiffrer la réalité est confirmée.
Ce boson de Higgs joue un rôle important en cosmologie : les interactions de cette particule avec les autres particules de la matière est un facteur important de la construction du monde. C'est par cette interaction que les électrons et les quarks, de la matière cosmique initialement de masse nulle, acquièrent leur masse respective qu'ils transmettent ensuite aux protons et aux noyaux atomiques. Grâce à la gravité acquise par ces fusions cette matière peut s'assembler en étoiles. Écrasés sous leur propre poids, ces astres verront alors leur cœur se réchauffer. Ils brilleront. Ils seront le siège de réactions nucléaires variées Résultat : naissance de multiples atomes nouveaux. Parmi ceux-ci : le carbone, l'azote, l'oxygène, qui conduiront à l'apparition de la vie sur la Terre.
Voilà donc le rôle majeur que joue cette particule dont l'existence même était inconnue il y a quelques décennies.
D'ou le nom de *God Particle*, « particule de Dieu », que certains chercheurs américains lui ont assigné, en des termes quelque peu emphatiques.
En français on parle de particule « providentielle ».
Les expériences du CERN en ont confirmé la réalité.

1

2

1
Le CERN, situé de part et d'autre de la frontière franco-suisse, près de Genève, est l'un des plus grands et des plus prestigieux laboratoires scientifiques du monde. Il compte aujourd'hui 21 États membres.

2
Le CERN utilise des accélérateurs, qui portent des faisceaux de particules à des énergies élevées pour les faire entrer en collision avec d'autres faisceaux ou avec des cibles fixes et des détecteurs, qui observent et enregistrent le résultat de ces collisions.

Notre groupe de recherche a entrepris, dans les années 1990, le Supernova Cosmology Project. Il s'agissait de répondre à la question qui s'est posée dès le moment où Hubble a découvert la fuite des galaxies. Si l'Univers a eu un commencement, n'aura-t-il pas une fin ? Quelle serait-elle ? De nombreux chercheurs croyaient que ce mouvement d'expansion devait sans cesse ralentir, parce que l'ensemble des galaxies est soumis à une force attractive de gravitation qui aurait tendance à freiner leur mouvement de fuite – de sorte que, au bout de quelques dizaines de milliards d'années, l'expansion finirait par s'inverser en une contraction généralisée. D'importantes recherches ont été faites à ce propos, ici même avec le télescope Hale, par l'ancien assistant de Hubble, Humason, au cours des années 1950. Mais les instruments de l'époque ne pouvaient pas fournir de résultats concluants.

Nous avons donc repris cette recherche dans les années 1990, avec de nouveaux instruments extrêmement précis, en utilisant comme balises des supernovae très lointaines, dont l'éclat intrinsèque est constant, à la manière de bougies standard qu'on achète au supermarché. Pour ma part, au début de notre recherche, j'étais d'avis que l'Univers allait se dilater indéfiniment, qu'il ne possédait pas suffisamment de matière – visible ou invisible – pour que la gravité agisse et que cesse son expansion.

En 1998, quand l'analyse de nos résultats fut achevée, nous avons eu un choc, de même que toute la communauté scientifique. Nous avons tous été stupéfaits de constater que l'expansion de l'Univers ne ralentit pas, bien au contraire ! elle s'accélère ! Quelle surprise ! Ce coup de théâtre a provoqué plusieurs campagnes de vérification indépendantes qui ont confirmé ces données renversantes. Or, si l'expansion de l'Univers s'accélère, c'est qu'il doit être rempli d'une forme d'énergie qui contrecarre la gravitation. Ce ne peut pas être de la matière, puisque la matière, qu'elle soit noire (invisible) ou pas, gravite toujours. Elle a tendance à freiner l'expansion de l'Univers. Donc, il doit y avoir de l'énergie à l'état diffus, qui a des propriétés répulsives et qui propulse l'expansion de l'Univers. Bien sûr, à notre échelle, il est impossible de s'en rendre compte. Mais à l'échelle cosmique, agissant sur des structures colossales et sur des milliards d'années, cette forme d'énergie existe. Faute de savoir ce qu'elle est, nous l'avons baptisée : énergie sombre.

Quelle est donc la nature de cette énergie ? Plusieurs théories s'affrontent. L'énergie sombre, ce pourrait être, à l'échelle cosmique, cet état d'énergie minimum qui emplit tout l'espace, que nous appelons l'énergie du vide. Précisons que pour nous, en physique quantique, le vide n'est pas vide, il est « ce qui se fait de plus vide ». En fait, le vide possède une énergie résiduelle qui pourrait agir puissamment à l'échelle cosmique.

Reste à le prouver. Nous voici donc aux prises avec deux énigmes de taille : l'énergie sombre et la matière noire. Le plus étonnant, c'est que nous avons pu mesurer tout cela avec le satellite Planck. Les résultats sont stupéfiants. Les voici :

Tout ce dont le monde visible est fait, tout ce dont nous sommes faits, les atomes, les molécules qui constituent tout ce que nous voyons, compte seulement pour 5 % de l'Univers.

La matière noire, cette particule encore insaisissable, compte pour 27 % de l'Univers. Et 68 % de l'Univers est la résultante de ce mystérieux ingrédient, découvert il n'y a pas vingt ans : l'énergie sombre. Nous sommes à l'âge de ce que nous aimons appeler la “cosmologie de précision”. Nous avons réussi à mesurer les composantes de l'Univers, mais deux d'entre elles nous échappent encore. Nous avons beaucoup de travail devant nous ! »

La passion de Richard Ellis pour les origines de l'Univers l'a conduit à devenir expert des très grands télescopes. À Munich, il travaille ardemment avec l'ESO (European Southern Observatory) à l'élaboration du Télescope géant européen. Avec une envergure de 40 mètres, ce télescope géant sera le plus grand « collecteur de lumière » au monde. Son miroir sera subdivisé en 798 segments articulés. Le télescope, désigné en anglais par le sigle E-ELT (European Extremely Large Telescope), permettra aux astronomes d'étudier les questions les plus brûlantes du jour : la recherche d'exoplanètes semblables à la Terre, la formation des premières étoiles et des premières galaxies, le rôle des trous noirs primordiaux, etc. Mais surtout, il offrira la possibilité de mesurer directement l'accélération de l'expansion de l'Univers. Car la grande aventure de la fuite des galaxies, inaugurée par Edwin Hubble en 1929, non loin du mont Palomar, n'est pas près d'être terminée !

Hubert : L'Univers est en expansion et les galaxies s'éloignent de plus en plus vite, ce qui implique que l'Univers se refroidit. Évidemment, la question est de savoir comment tout cela va finir !

L'ESO

L'ESO – European Southern Observatory (Observatoire européen austral) – est la première organisation intergouvernementale pour l'astronomie en Europe et l'observatoire astronomique le plus productif au monde. Il est soutenu par 15 pays : l'Allemagne, l'Autriche, la Belgique, le Brésil, le Danemark, l'Espagne, la Finlande, la France, l'Italie, les Pays-Bas, la Pologne, le Portugal, la République tchèque, le Royaume-Uni, la Suède. Il gère trois sites d'observation de classe internationale, au Chili : La Silla, l'observatoire du Cerro Paranal (VLT pour Very Large Telescope), l'observatoire du Llano de Chajnantor. L'ESO est actuellement en train de programmer la réalisation d'un télescope européen géant (E-ELT pour European Extremely Large Telescope) de la classe des 40 mètres qui observera dans le visible et le proche infrarouge, depuis le mont Cerro Armazones. L'E-ELT sera « l'œil tourné vers le ciel » le plus grand au monde.

Jean-Pierre: Et si nous revenions à notre cher Georges Lemaître ? Vous allez comprendre le génie de cet homme. En 1927, il avait lui aussi imaginé trois destinées possibles de l'Univers dans un graphique qu'il n'avait pas publié.

Dans le premier cas de figure, l'Univers continue donc indéfiniment à se refroidir, comme Hubert vient de le mentionner. Le ciel devient de plus en plus obscur. Les galaxies s'éloignent toujours davantage. L'espace se vide progressivement. En américain, ce scénario porte le nom de *Big Chill*: « Grand Gel ».

Dans le deuxième cas de figure, après avoir ralenti leur course, les galaxies entament une marche arrière, et reviennent les unes vers les autres. La température cesse de diminuer, se stabilise, puis augmente pour atteindre à nouveau les valeurs extrêmes qu'elle avait connues au Big Bang. Ce scénario porte le nom de *Big Crunch*: « grand écrasement ». Georges Lemaître avait eu l'audace d'imaginer une suite au Big Crunch, dans lequel l'Univers pourrait rebondir et démarrer une nouvelle expansion : un « univers-phénix » renaissant continuellement de ses cendres, en une succession de cycles ininterrompus. Jusqu'à tout récemment, ces deux premiers scénarios avaient l'aval de la majorité des scientifiques.

Vue du ciel étoilé sur le site du Very Large Telescope (VLT) de l'ESO, à Cerro Paranal (Chili), durant une éclipse lunaire totale le 21 décembre 2010.

1

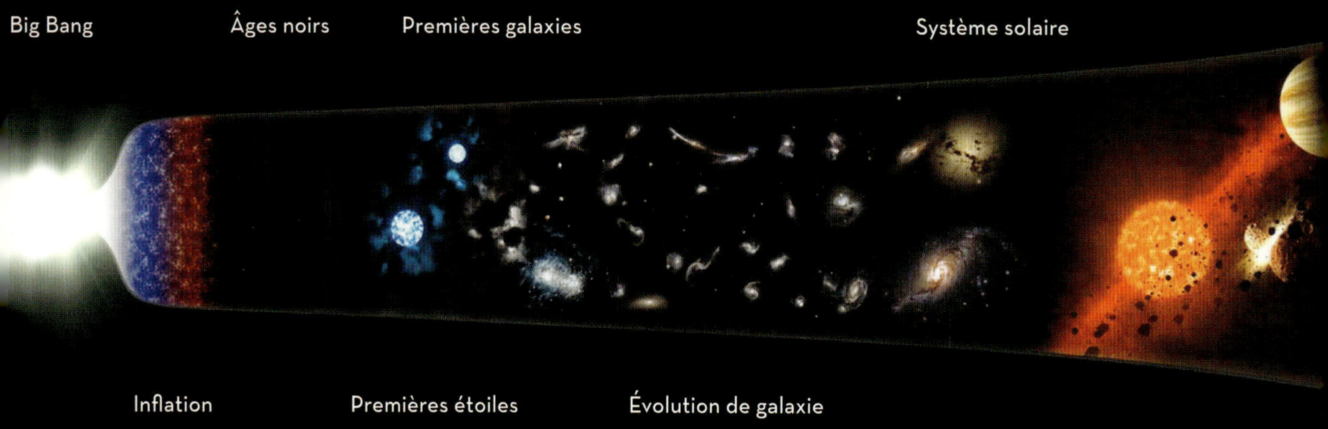
Big Bang
Âges noirs
Premières galaxies
Système solaire
Inflation
Premières étoiles
Évolution de galaxie

2

3

1
Du Big Bang à la formation du Système solaire.

2
Illustration d'une collision de particules.

3
Cette vue d'artiste décrit la formation d'un amas galactique au sein de l'Univers jeune. En constante interaction les unes avec les autres, les galaxies donnent lieu à une intense formation d'étoiles.

Lemaître avait aussi proposé un troisième et dernier cas de figure : l'Univers est en expansion, mais sa vitesse, après avoir diminué, recommence à croître. L'Univers entre en expansion accélérée. C'était le scénario privilégié par Lemaître, qui avait en outre interprété la phase d'accélération de l'Univers comme l'effet de l'énergie du vide quantique. Or aujourd'hui, avec la découverte de la puissante énergie sombre, il semble bien que Lemaître avait raison. Si cette hypothèse se confirme, notre monde finirait alors dans une immense désarticulation en cascade, un *Big Rip*, une « grande déchirure ». D'ici 40 milliards d'années, les galaxies se déchireraient, puis les systèmes solaires. Après quelques mois, les étoiles et les planètes exploseraient, puis les atomes. Fin de la matière, fin du temps peut-être...
Hubert : En somme, on peut dire que depuis la découverte de cette énergie sombre nous avons en quelque sorte « perdu de la connaissance ». Notre capacité de prévoir l'avenir a diminué. Nous savons encore moins que jamais quel est le destin de l'Univers...

Comme nous venons de le voir, notre univers est un grand illusionniste. Il semble immuable et figé dans le temps, mais en réalité il vit de constants bouleversements. Il déploie des forces titanesques qui façonnent à la fois l'infiniment petit et l'infiniment grand. Et toutes ces extravagances cosmiques aboutissent à l'apparition de l'infiniment complexe : la vie.

Quand donc apparaît la vie dans l'Univers ? L'un des aspects les plus importants, mais aussi les plus vertigineux de toutes ces études astrophysiques, ce sont les échelles de temps dans lesquelles nous devons nous situer. Elles sont totalement démesurées par rapport à la durée de la vie humaine. Je vous propose de les apprivoiser.

Faisons une simulation, inspirée par l'un de mes anciens collègues américains, Carl Sagan.

Imaginons, pour simplifier, que toute l'histoire de l'Univers soit comprimée dans l'espace d'une seule année. Le Big Bang a eu lieu le 1er janvier à zéro heure et nous sommes aujourd'hui le 31 décembre à minuit. Dans cette nouvelle échelle de temps, où chaque seconde équivaut à un peu plus de 400 de nos années (ce qui fait environ 37,5 millions d'années par jour pour un total de 13,7 milliards d'années), le premier événement marquant se produit au bout de 1 000 secondes : c'est la lumière, qui sort du brouillard. Dès la troisième semaine de janvier, les premières étoiles commencent à se former ; les galaxies suivent, dont le gros de la troupe se constitue en février. Au sein de notre propre galaxie, la Voie lactée, les grosses étoiles vivent une demi-heure avant d'exploser et de répandre dans l'espace les atomes qu'elles ont fabriqués. De nombreuses générations d'étoiles se succèdent ainsi, enrichissant le milieu interstellaire d'atomes lourds, avant que notre étoile, le Soleil, ne s'allume à son tour. Nous sommes le 9 septembre. Autour de l'étoile naissante, les planètes s'agrègent, et le 13 septembre à 6 heures du matin, la Terre est constituée. Le lendemain, la Lune s'agglomère et tourne autour. Le décor est planté, mais c'est déjà l'automne.

Sur la nouvelle scène, stable et bien chauffée, des processus physico-chimiques se mettent à tourner et aboutissent, autour du 25 septembre, à une invention prodigieuse, dont on ne sait pas encore si elle a pu se produire ailleurs que sur terre : les bactéries. Celles-ci prolifèrent et envahissent littéralement la planète, profitant d'un règne sans partage pendant un peu plus de deux mois – c'est-à-dire 2,5 milliards d'années, le plus long empire de tous les temps. Mais, trêve de monotonie : la photosynthèse, initiée début octobre, est achevée début décembre, en même temps que l'atmosphère d'azote et d'oxygène, et les bactéries découvrent la sexualité le 3 décembre. Dès lors, la vie se diversifie mais reste confinée dans les océans pendant deux semaines, à l'état d'organismes pluricellulaires, puis de vers moitié-plantes, moitié-animaux. Les poissons pointent leur tête le 19 décembre.

Les premières plantes terrestres s'aventurent à l'air le 20 décembre. Les animaux suivent le 21. Les insectes volent le 22, les arbres font de l'ombre le 23. Les dinosaures arrivent juste à temps pour le réveillon de Noël, après quoi ils se prennent un astéroïde sur le crâne et rendent tous l'âme le 30 décembre. Entre-temps, les mammifères sont apparus le 26, les oiseaux le 27, les fleurs et les fruits le 28, les primates le 29, et ces nouvelles trouvailles du vivant traversent adroitement le cataclysme du 30. Le grand règne des mammifères s'installe.

Jean-Pierre: À partir de maintenant, l'histoire s'emballe – d'un point de vue strictement humain, bien sûr, car pour les particules tout est calme, pour les bactéries la vie suit son cours et pour les dinosaures tout est fini. Afin de détailler l'apparition de l'*Homo sapiens*, c'est-à-dire au cours de la dernière journée, un grand coup de zoom est nécessaire. Le 31 décembre à 14 heures, un primate descend précautionneusement des arbres, tandis que les Alpes et l'Himalaya poussent vers 15 heures. Lucy et ses congénères se mettent debout à 22 h 30. On pourrait croire que ces premiers hominidés vont déferler sur le monde, mais non, ils hésitent, ils expérimentent leur cerveau dernier modèle, se demandent qu'en faire, se préparent longuement à frapper un grand coup et, à minuit moins le quart, c'est l'illumination, le feu enfin conquis et maîtrisé. On va pouvoir passer aux choses sérieuses. Ce qui veut dire que tout le reste, absolument tout ce qui constitue pour nous la grande aventure de l'humanité, se produit dans le dernier petit quart d'heure. La cuisine, les vêtements, l'habitat, les armes, les tombes, les peintures rupestres, l'agriculture, l'écriture, les bijoux, la musique, la danse et les dieux, bref tout ce qui enrobe l'homme (et la femme) d'une grosse couche de signes a dû être inventé pendant les quinze dernières minutes de cette grande année. Quant à l'Histoire avec un grand H, celle des manuels scolaires et des films à gros budget, elle tient dans une poignée de secondes. Les pyramides d'Égypte et les débuts de l'astronomie datent de minuit moins dix secondes. Le Christ naît à minuit moins cinq secondes. La Renaissance fleurit à minuit moins une. Et nos efforts pour entrer en contact avec des civilisations extraterrestres ? Les premiers messages par radiotélescopes ont été envoyés vers 1950, soit deux centièmes de seconde avant minuit. Et l'on voudrait qu'il y ait du monde à l'autre bout de la ligne, justement là, justement aujourd'hui ? Quelle impatience !

L'année cosmique permet de mesurer combien la conscience (la nôtre en tout cas) est un phénomène extraordinairement récent à l'échelle de l'Univers.

Y a-t-il une bonne raison à cela ? Pourquoi a-t-il fallu attendre 365 « jours » avant de produire les quelques « secondes » qui font notre gloire ? On peut envisager deux grands types d'hypothèses : ou bien la vie est un phénomène extrêmement improbable, frôlant même l'impossible, et il est logique de ne pas tomber dessus à tout bout de champ. Ou bien la vie est un phénomène banal, voire inéluctable dès que les conditions nécessaires sont réunies, mais il ne faut pas moins de 10 milliards d'années d'évolution cosmique pour réunir lesdites conditions – il est donc normal que nous arrivions en scène aussi tard. Dans les deux cas, tout est normal, ce qui est fort rassurant, mais on aimerait quand même bien savoir dans quel scénario on joue : exception ou lieu commun ? Pour trancher, il faudrait en savoir plus sur les conditions d'apparition de la vie, non seulement sur terre, mais aussi ailleurs dans l'Univers.

C'est l'aventure scientifique de demain.

Hubert: Cette simulation est une façon d'apprivoiser les échelles de temps gigantesques de l'Univers par rapport à notre propre existence. Remarquons que c'est durant cette dernière toute petite heure du calendrier cosmique qu'*Homo sapiens* a réussi à évoluer et à trouver sa place dans cet univers incommensurable. Il nous dépasse complètement et, pourtant, nous ne cessons de vouloir mieux le connaître et le comprendre.

LA VIE TOMBÉE DU CIEL

Double page précédente

Les Géminides, une pluie de météorites provenant des débris de l'astéroïde (3200) Phaéton, qui illumine chaque année le ciel nocturne. Ici dans le Sud Dakota, en decembre 2012.

Double page suivante

Vue aérienne du Grand Prismatic Spring, dans le Parc national de Yellowstone aux États-Unis, dans lequel vivent des bactéries extremophiles.

DANS LE JARDIN DE LA NUIT, LA GALAXIE D'ANDROMÈDE, CELLE PAR QUI S'EST FAITE LA RÉVOLUTION ASTRONOMIQUE QUI A BOULEVERSÉ DES MILLÉNAIRES D'OBSERVATION, N'EST PLUS VISIBLE. LE JOUR SE LÈVE.

Nos deux astrophysiciens rentrent le petit télescope amateur dans l'un des pavillons et s'attablent autour d'un bon café sous une pergola ancienne, en briques roses, qui donne sur un étang. Plus loin, de grands arbres destinés à vivre mille ans, cèdres du Liban et séquoias, forment une lisière à l'orée d'une forêt d'où fusent d'innombrables chants d'oiseaux. Jean-Pierre et Hubert contemplent ce vaste jardin, peuplé de milliers de formes de vie bourdonnante et grouillante.

Hubert : Dans ce grand univers qui contient une centaine de milliards de galaxies, qui rassemblent chacune des centaines de milliards d'étoiles et sans doute énormément de planètes, la Terre est-elle le seul endroit où la vie est apparue ? Est-elle le seul endroit où des êtres vivants se posent des questions ? Pour pouvoir répondre à ces questions, il faudrait d'abord s'entendre sur ce qu'est la vie. La vie, on la sent dans notre corps, on a l'impression de la connaître, mais quand on essaie de la définir, il faut admettre qu'elle puisse se présenter sous des formes tout à fait différentes de celles que nous connaissons. Dans quelles conditions la vie peut-elle éclore ? On sait, par exemple, qu'elle est apparue une fois sur la Terre, qu'il n'y en a pas sur la Lune. On en cherche sur Mars, on en recherche aussi partout à l'intérieur et à l'extérieur de notre système solaire.

Jean-Pierre : Jusqu'à ces dernières décennies, on avait tendance à croire que, pour que la vie apparaisse, il lui fallait des conditions relativement douces et calmes. Une énorme surprise nous attendait. Il y a une cinquantaine d'années, on a commencé à découvrir ici même, sur terre, ce qu'on appelle maintenant les bactéries « extrêmophiles ». Ce sont des bactéries qui aiment vivre dans des conditions extrêmes, qui seraient toxiques pour toute autre forme de vie. Cela nous a ouvert un immense champ de possibilités pour retrouver de la vie ailleurs.

Pourquoi nous arrêter sur les bactéries ? Parce qu'elles sont les premières formes de vie apparues sur terre, il y a près de quatre milliards d'années. Quand on parle de chercher la vie, on pense d'abord aux bactéries. À défaut de les retrouver telles quelles, nous cherchons aussi les environnements et les conditions dans lesquelles elles pourraient se développer à partir de certains éléments chimiques qu'on appelle les « briques du vivant ».

Contre toute attente, on a découvert des bactéries « thermophiles » dans les sources chaudes et soufrées des geysers de Yellowstone et d'Islande. Or, on retrouve ce type de conditions sur certaines planètes du Système solaire.

Double page suivante
Vue aérienne du Grand Prismatic Spring, dans le Parc national de Yellowstone aux États-Unis dans lequel vivent des bactéries extrêmophiles.

On a aussi repéré des bactéries qui vivent dans l'atmosphère supérieure de la Terre, à 40 kilomètres d'altitude, où elles sont constamment bombardées de rayonnements ultraviolets. Dès lors, pourquoi n'y aurait-il pas de bactéries dans la terrible atmosphère de Vénus, à des températures de 80 °C?

On a découvert des bactéries au plus profond des mers, privées de lumière et rationnées en oxygène; dans des déserts réputés stériles, dans des lacs acides. On a prélevé des bactéries qui au contraire s'accommodent du froid, demeurent en hibernation depuis des milliers, voire des millions d'années, dans les sols gelés de l'Arctique et dans l'Antarctique. En conséquence, pourquoi n'y aurait-il pas de bactéries sur les nombreux corps gelés du Système solaire, à commencer par Mars?

Sur Encelade, l'une des lunes de Saturnes, couverte de glace, on observe parfois l'éruption de gigantesques geysers. Tout porte à croire qu'ils sont la manifestation d'un océan d'eau liquide sous la surface d'Encelade. En plus de l'eau, la sonde *Cassini* y a détecté, lors d'un récent survol, des molécules organiques. De là à y trouver de la vie proprement dite, il y a certes un grand pas. Mais il n'est pas interdit d'imaginer l'existence de sources hydrothermales abritant des formes de vie extrêmophiles, puisqu'on retrouve sur terre des bactéries extrêmophiles dans des environnements similaires. Cela nous donne un indice, que même dans notre système solaire, un large éventail de corps célestes pourrait abriter des formes de vie primitive.

Hubert: Allons plus loin. On a longtemps pensé que dans le Système solaire, les corps étaient isolés les uns des autres. Pourtant, nous avons découvert qu'il s'y joue une sorte de *billard planétaire*, il y a des échanges de corps via les météorites. Un astéroïde frappe la planète Mars, par exemple, et sous l'impact, des morceaux du sol martien sont éjectés et projetés dans l'espace. Certaines pierres sont alors capturées par le champ de gravité de la Terre et tombent sur elle. Parmi les dernières pierres météoritiques issues de la planète rouge il y a celles de Tissint, retrouvées dans le désert du Maroc en 2011. Des scientifiques ont démontré, jusqu'à preuve du contraire, que ces fragments contenaient des molécules organiques, peut-être même des molécules d'origine biologique! Cela fait encore l'objet de contre-expertise et nous amène aussi à poser la question: la vie serait-elle d'abord apparue sur Mars? Il y a quelques années encore, si vous aviez osé poser cette question, vous auriez reçu des tomates pourries sur la tête, mais aujourd'hui, cette hypothèse se discute.

Les collectes de météorites, ces pierres qui tombent du ciel, se poursuivent un peu partout sur la planète, et sont la source de connaissances extrêmement riches sur notre système solaire. Des calculs montrent que de tels échanges se sont vraisemblablement produits de nombreuses fois entre les quatre planètes telluriques: Mercure, Vénus, la Terre et Mars, sans compter la Lune. Les planètes pourraient s'ensemencer mutuellement. Nous appelons cela la «panspermie».

La vie terrestre vient peut-être d'une autre planète du Système solaire. Des martiens, sous forme bactérienne, sont peut-être déjà venus sur la Terre? Peut-être sommes-nous tous, à l'origine, des «petits hommes verts»? Trêve de plaisanterie! Des éléments chimiques, des «briques» nécessaires à l'apparition de la vie, ont même été retrouvés dans certaines météorites venues de plus loin encore.

Au Canada, à l'université de l'Alberta, Chris K. Herd, un jeune chercheur de mes connaissances, professeur conservateur de la collection de météorites, poursuit une étude approfondie sur les fragments de la « météorite du lac Tagish ». Elle est tombée le 18 janvier 2000 à 16 h 43, heure locale, dans le nord-ouest du lac Tagish en Colombie-Britannique, après son explosion dans la haute atmosphère. Le passage de la boule de feu en haute altitude a été repéré par les satellites et les sismographes, filmé par des vidéastes amateurs, et sa trajectoire reconstituée par des photographies atmosphériques du Département de la Défense américaine.

Plus de cinq cents morceaux ont été retrouvés sur le lac parfaitement gelé à cette période de l'année. De plus, celui qui en a retrouvé les parcelles a pris soin de les recueillir avec des gants, pour ne pas générer de contamination par un contact humain. Les responsables de la NASA considèrent que les échantillons du lac Tagish sont demeurés tout aussi intacts que ceux qu'ils espèrent récolter au retour d'une mission spatiale consacrée à prélever des poussières d'astéroïde ou de comète. Ces fragments impeccables ont été immédiatement envoyés au Johnson Space Center de la NASA pour en faire l'analyse et la classification. Les chercheurs ont découvert qu'ils étaient riches en carbone – comme beaucoup d'autres météorites de ce type – mais, surtout, qu'ils contenaient un assortiment de « briques de la vie », notamment des acides aminés, qui sont les éléments constitutifs des protéines. Ils ont conclu que la météorite du lac Tagish offre une fenêtre unique sur la chimie prébiotique impliquée il y a quatre milliards d'années et demi, à l'aube de la formation du Système solaire !

Il est donc possible que des météorites comme celle du lac Tagish aient fourni des molécules nécessaires à la vie, en provenance directe du cosmos.

Double page suivante
Vue d'artiste d'une météorite plongeant vers la Terre.
Page de droite
Cueillette des fragments de la météorite sur le lac Tagish, Alberta (Canada).

Jean-Pierre : Cela dit, tant qu'on n'a pas trouvé ailleurs que sur Terre la vie elle-même, on ne peut rien affirmer. Pour ma part j'ai bon espoir qu'on finisse par découvrir des extrêmophiles dans les lunes glacées de Jupiter et de Saturne. Mais si jamais on ne la découvre pas dans le Système solaire, que ferons-nous ? Nous devrons regarder ailleurs, regarder plus loin, c'est-à-dire analyser ces fameuses « exoplanètes » qui sont en orbite autour d'autres étoiles. Et nous y apercevrons, encore une fois, un éventail incroyable de conditions physiques et chimiques différentes. Pourquoi ne pas y dépister des environnements favorables au développement du vivant ?

Hubert: Les instruments et les méthodes d'observation se sont rapidement perfectionnés au cours du siècle dernier. Pourtant, ce n'est qu'en 1995 que les astronomes ont enfin réussi à détecter une première planète tournant autour d'une autre étoile que le Soleil. Depuis cet événement majeur, partout dans le monde des chercheurs se sont lancés dans cette nouvelle aventure astronomique. Un puissant satellite, spécialement conçu à cette fin, le télescope spatial Kepler, a repéré plus de 1 000 planètes autour d'étoiles lointaines, dont 32 semblent apparentées à la Terre. L'une des pionnières de ce type d'exploration est notre collègue Annie Baglin, de l'observatoire de Paris-Meudon. À titre de responsable scientifique de la mission d'observation du satellite CoRoT, elle a eu la chance de repérer la toute première « exoterre », à savoir une exoplanète de dimension semblable à la Terre. Elle nous raconte cette aventure.

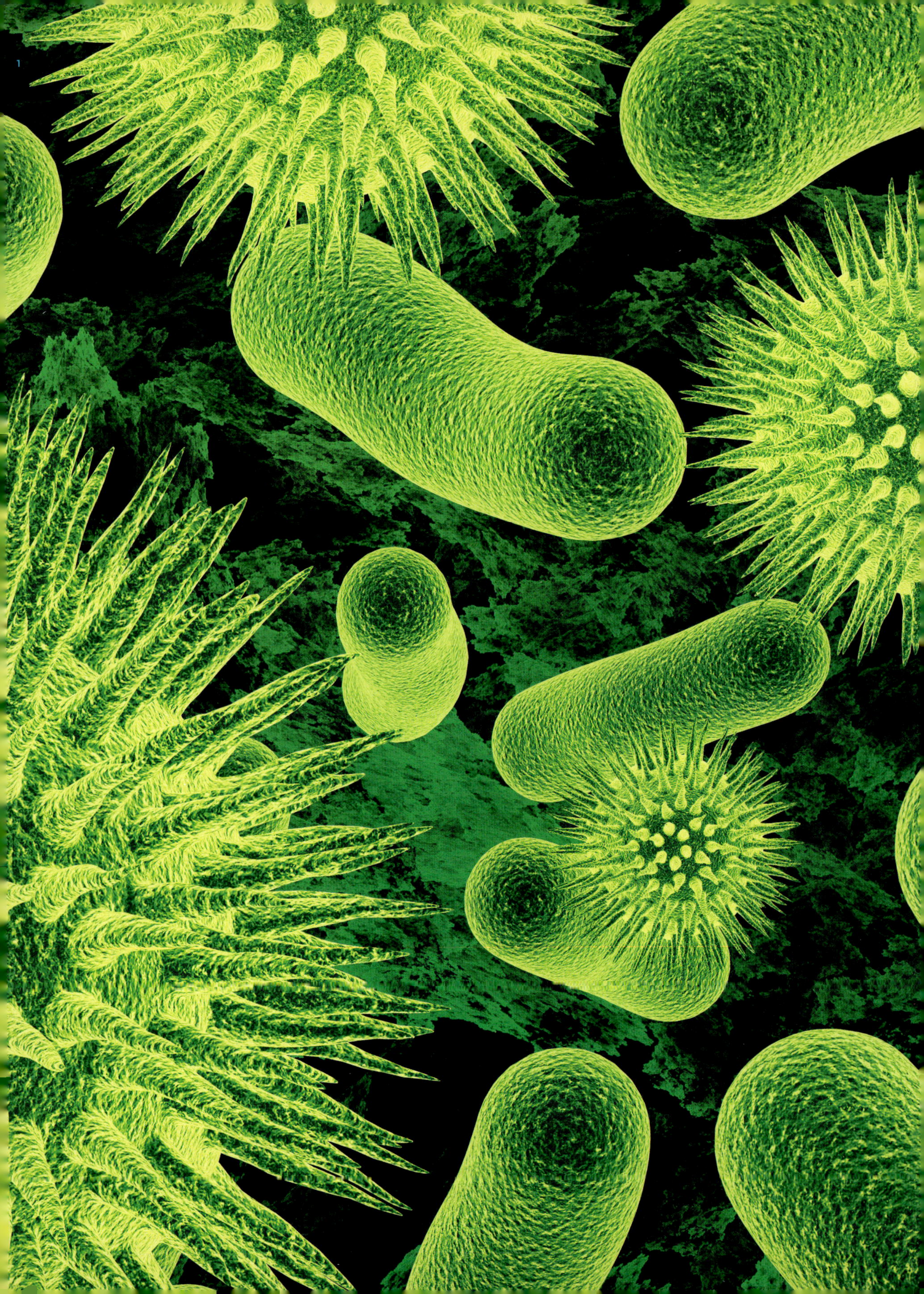

2

1

Vue d'artiste de divers types de bactéries. On a découvert une grande variété de bactéries «extrêmophiles», qui vivent dans des milieux inhospitaliers qui seraient mortels pour la plupart des autres êtres vivants.

2

Évents hydrothermaux. Tout au fond des océans se forment de magnifiques cheminées où croissent des colonies de bactéries extrêmophiles, malgré l'absence de lumière et une pression mille fois plus grande qu'en surface.

Double page suivante

La rotation apparente des étoiles autour du pôle nord céleste est due à la rotation de la Terre sur elle-même.

Des étoiles, des bougies et des phares

RACONTÉ PAR ANNIE BAGLIN

« Pourquoi a-t-on mis aussi longtemps à détecter des planètes autour d'autres étoiles ? Parce que c'est particulièrement difficile. Une planète est un objet quasiment noir, qui se trouve très près d'une étoile extrêmement brillante. Nous sommes dans la situation de celui qui voudrait détecter une petite bougie au pied d'un phare, depuis l'autre rive : il ne verrait pas la bougie.

Pour détecter des planètes hors de notre système solaire, des exoplanètes, nous disposons à présent de quelques méthodes. Nous avons choisi celle qui correspond parfaitement à la méthode que nous avons utilisée pour étudier les vibrations à l'intérieur des étoiles : l'observation de longue durée. Cette méthode consiste à essayer de détecter le passage de la planète devant l'étoile. Par exemple, si je passe devant une source lumineuse, mon corps va masquer la lumière. Il arrive la même chose lors du passage d'une planète devant son étoile, sa luminosité baisse très légèrement. Le satellite CoRoT arrive à mesurer avec beaucoup de précision cette baisse pourtant infime de luminosité. On appelle cette approche "la méthode du transit".

Cependant, cette méthode n'est concluante qu'après avoir vu la planète passer un grand nombre de fois devant son étoile pour vérifier la périodicité du phénomène.

À la recherche d'exoplanètes, CoRoT a donc observé à peu près 10000 étoiles à la fois. Au cours des sept années de cette mission, nous en avons examiné plusieurs centaines de milliers. Parmi celles-ci, nous avons confirmé, de façon tout à fait définitive, la présence de 25 planètes de taille et de type très variés, dont nous analysons encore les données. Évidemment, la moisson actuelle du télescope spatial Kepler est bien plus impressionnante, mais à l'époque, nous étions des pionniers et nous avons fait une découverte majeure. La plupart des planètes que l'on découvrait à ce moment-là – tout comme aujourd'hui – étaient de très grosses planètes de type Jupiter, des planètes gazeuses. Elles ne pouvaient en aucun cas abriter une évolution biologique comme celle qu'a connue la Terre. Et nous avons été très fiers d'avoir pu détecter, en 2009, la plus petite exoplanète connue alors. On la nomme CoRoT-7b. Son rayon est 1,7 fois celui de la Terre, elle est donc à peine plus grosse que cette dernière. C'était la première fois que l'on mesurait avec cette précision le rayon, la masse et donc la densité d'un objet aussi petit. À l'aide de l'Observatoire européen austral (ESO), nous avons pu confirmer sa nature et son orbite autour de son étoile pendant environ cinq mois. À la suite de cette campagne d'observation, nos collègues géophysiciens et minéralogistes ont été à même de déduire sa composition : beaucoup de silicates, peut-être des glaces diverses et même un petit noyau de fer.

Vue d'artiste de la planète CoRoT-7b, première planète semblable à la Terre jamais découverte.

QU'EST-CE QU'UNE ZONE HABITABLE ?

PAR HUBERT REEVES

Pour abriter la vie, une planète doit :

• Au plan galactique : être située ni trop près ni trop loin du centre. Assez près pour que des minéraux aient pu être formés par la mort de certaines étoiles. Assez loin pour éviter des explosions de supernovae, des radiations extrêmes, ou encore l'attraction du trou noir galactique.

• Sur le plan de son étoile : n'être pas située trop près du Soleil, car une planète doit avoir de l'eau qui demeure liquide à sa surface.

• Sur le plan de sa taille et de son axe de rotation : n'être ni trop grosse ni trop petite, et que son axe soit (relativement) stable – c'est le cas de la Terre, où la Lune joue un rôle de stabilisateur.

• Sur le plan de son voisinage : avoir une voisine de la taille de Jupiter, qui possède un puissant pouvoir d'attraction, qui empêche que ne tombent sur elle bon nombre de comètes et d'astéroïdes.

• Sur le plan de son champ magnétique : posséder un champ magnétique qui protège les formes de vie des radiations solaires et des rayons cosmiques.

• Au plan de sa géologie : le renouvellement de l'atmosphère, en particulier de ses molécules de gaz carbonique pour assurer la permanence de l'eau liquide.

• Avoir une atmosphère, qui, la protégera des rayons mortels en provenance de l'espace.

Enfin, s'il n'y a pas trop d'astéroïdes de grande taille qui viennent tout détruire, moyennant d'autres conditions qui nous sont encore inconnues, la vie apparaîtra peut-être…

N'est-ce pas fascinant de constater combien de facteurs sont nécessaires à l'apparition de la vie sur une petite planète ? Selon nos observations actuelles, des planètes qui remplissent toutes ces conditions ne sont pas légion. Cela ne veut pas dire que la Terre est unique. Simplement qu'elle demeure pour le moment une planète rare dans le cosmos !

Vue d'artiste d'une série de planètes semblables à la Terre, situées dans une zone habitable, découvertes récemment par le satellite Kepler. Notons qu'elles sont toutes plus grosses que notre planète. De gauche à droite: Kepler-22b, Kepler-69c, Kepler-452b, Kepler-62f Kepler-186f et enfin la Terre.

Nous pouvons analyser la lumière réfléchie par les exoplanètes pour y discerner les éléments chimiques qui les composent. C'est ainsi que la Terre est la seule planète à montrer, dans son spectre lumineux, la présence d'oxygène et d'ozone. C'est la vie qui maintient ces éléments dans notre atmosphère.

Si on réussissait à les retrouver dans le spectre lumineux d'exoplanètes, on aurait de bonnes raisons de penser que la vie y existe à l'échelle planétaire. Malheureusement, nous n'avons pas détecté ce type d'éléments chimiques dans CoRoT-7b.

Cette recherche d'exoplanètes est actuellement un sujet brûlant, en pleine expansion. De nombreux programmes de recherches ont été créés et chaque jour nous en découvrons davantage. Mais contrairement à ce que nous attendions, très peu de planètes ressemblent à la Terre.

Cette recherche intense est motivée par une question lancinante de l'humanité: Sommes-nous seuls dans l'Univers? Il est très difficile de répondre à pareille question, puisqu'il faudrait d'abord être en mesure de répondre aux interrogations: Qui sommes-nous? et Qu'est-ce que "la vie"? Pour être solide, la science a besoin de s'appuyer sur des faits nombreux et répétés. Malheureusement, pour le moment, nous n'avons qu'un seul exemplaire de ce que nous appelons "la vie", qu'une seule planète où l'on puisse en étudier les mutations et les transformations. Ne pourrait-il pas exister d'autres formes de vie? D'autres types d'évolution? Si on trouvait d'autres planètes habitées dans l'Univers, ne fût-ce qu'une deuxième, peut-être comprendrait-on mieux comment la vie a pu y apparaître et dans quels environnements elle peut fleurir? En découvrant l'exoplanète CoRoT-7b, notre satellite a ouvert la voie. La suite ne saurait tarder. »

1
Vue du Parc national du mont Mégantic, Québec, Canada.

2
Une aurore boréale éclaire l'observatoire du mont Mégantic, à la fine pointe de la recherche instrumentale en astronomie.

1

UN INFINIMENT PETIT BOUT DE GRAIN DE POUSSIÈRE

À la frontière orientale du Canada et des États-Unis se trouve un imposant massif montagneux, dont le cœur de granite est le mont Mégantic. Soumis à de fortes précipitations de neige en raison de ses hautes parois, ce massif présente un milieu naturel de type arctique alpin, exceptionnel à cette latitude.

Toute la région avoisinant ce massif a été reconnue comme la première réserve internationale de ciel étoilé par l'International Dark-Sky Association (IDA). Au cours des vingt années précédant cette certification, la pollution lumineuse de cette zone avait doublé. Une trentaine de municipalités concernées se sont alors regroupées pour développer des méthodes de contrôle de l'éclairage extérieur. Elles ont si bien réussi que cette « réserve de ciel étoilé » est devenue un modèle pour de nombreux autres pays. À notre époque « suréclairée », d'abondantes études ont démontré que cette recherche d'équilibre entre l'éclairage sécuritaire et la préservation du ciel nocturne est devenue essentielle. Il nous faut inventer de nouvelles approches qui redonnent à la nuit son obscurité, aussi bien pour observer les étoiles que pour préserver notre santé et celle des écosystèmes dont nous faisons partie. Il est maintenant reconnu scientifiquement par l'Organisation mondiale de la santé que le dérèglement de l'horloge biologique peut causer de nombreux problèmes, allant de l'insomnie au cancer. Faut-il ajouter que les espèces animales et végétales en souffrent tout autant que nous ?

2

Au sommet du massif lui-même, à 1 100 mètres, on trouve l'observatoire du mont Mégantic, le plus performant en sol canadien. On y rencontre René Doyon, directeur de la Chaire industrielle de recherche en astrophysique expérimentale de l'université de Montréal. Il est à la tête d'une équipe internationale responsable de l'un des quatre instruments que l'Agence spatiale canadienne fournira au télescope spatial James Webb – JWST – dont le lancement est prévu en 2018. Cet astronome est passionné par le développement de l'instrumentation astronomique. Son enthousiasme a stimulé la créativité de ses anciens étudiants et ils ont découvert ensemble une toute nouvelle façon de rechercher les exoplanètes. René Doyon travaille dans l'enceinte glacée de ce petit observatoire. Il a neigé la veille, l'ascension vers le sommet n'a pas été évidente et on ne peut évidemment pas prendre le risque de perturber les appareils en fonction en réchauffant les lieux. René Doyon, de l'Institut de recherche sur les exoplanètes, nous introduit dans le monde méconnu mais excitant des petits observatoires de pointe.

Voir, de nos yeux, voir

RACONTÉ PAR RENÉ DOYON

« Soyez les bienvenus à l'observatoire du mont Mégantic, le plus grand observatoire astronomique de l'est de l'Amérique du Nord. Il utilise une gamme étendue d'instruments que nous y avons testés et développés. Nous y faisons de la recherche fondamentale, notamment en instrumentation, mais c'est aussi un lieu de formation unique dans des domaines d'avant-garde, comme celui de la recherche d'exoplanètes.

Alors, me demanderez-vous, pourquoi utiliser un télescope de 1,5 mètre lorsqu'on est en train d'aménager des télescopes de 30 mètres ou des télescopes spatiaux de l'envergure du James Webb ? Parce qu'on a besoin de tout le monde. Par exemple, un très grand télescope ne peut pas prendre une très grande image du ciel. Donc, il ne peut pas faire certains types de recherches comme les nôtres. Nous sommes complémentaires. D'importants programmes d'observation sur de très grands télescopes – comme le Télescope Canada France Hawaii (TCFH) – sont lancés par des travaux de recherche initiés ici même.

Le ciel autour de Gliese 667 (au centre) – un système de trois étoiles dans la constellation du Scorpion. Son observation a révélé que l'étoile Gliese 667C est entourée d'un système planétaire complet, pouvant comprendre jusqu'à sept planètes.

L'un des résultats de nos récentes recherches me plaît particulièrement, car on utilise désormais le dispositif que nous avons mis au point dans tous les grands télescopes. Voici son histoire. Avec René Racine et deux de mes doctorants de l'époque, Christian Marois et David Lafrenière, nous avions eu l'idée d'inventer de nouveaux procédés pour réduire la lumière éblouissante de l'étoile, qui empêche de repérer des exoplanètes. Cette nouvelle approche ne devait pas recourir à la méthode du *transit astronomique*, comme les télescopes spatiaux CoRoT ou Kepler, mais rechercher la lumière directement réfléchie par ces astres. Cela représenterait une percée fantastique, parce que le problème majeur de la méthode du transit, c'est qu'on doit fixer un champ d'étoiles pendant très longtemps, puis contre-vérifier les données avec des télescopes au sol. À titre d'exemple, prenons la planète Jupiter, qui met douze ans à tourner autour du Soleil. Avec la méthode du transit, il faudrait accumuler des observations pendant douze ans, avant de pouvoir mettre en évidence cette seule planète. Avec Saturne, il faudrait vingt-neuf ans et avec Neptune, cent soixante-cinq ans. Leur repérage nécessiterait ainsi des générations et des générations d'astronomes.

1

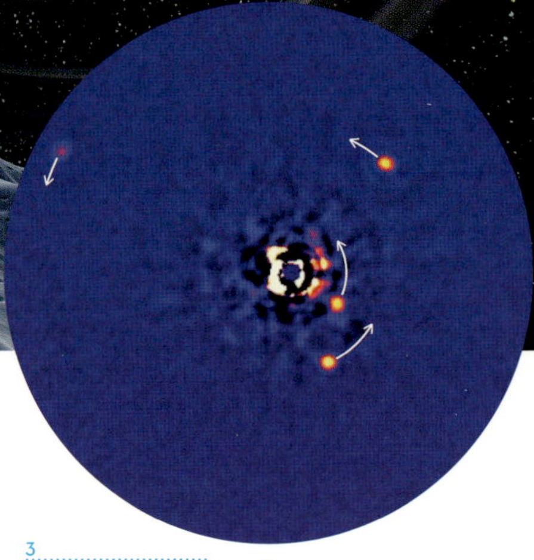

2

Il fallait donc trouver une autre approche. Christian Marois a alors eu une idée absolument géniale. Avec un très grand télescope de 8 mètres comme Gemini Nord installé à Hawaii, lorsque vous observez une étoile, vous voyez une tache de lumière. Mais cette lumière n'est pas homogène. On observe une multitude de petites marques sur la lumière, qu'on appelle des "tavelures". Parmi ces marques, ne pourrait-il pas y en avoir une qui soit une planète ? Comment le savoir ? Christian Marois a postulé qu'il suffisait de soustraire – mathématiquement – le signal de l'étoile, pour mettre en évidence celui de la planète.

1
Une quatrième planète géante autour de l'étoile HR8799 avait déjà été repérée par Hubble et fut redécouverte par hasard. (Vue d'artiste.)

2
Première découverte d'un système planétaire à l'extérieur du Système solaire. Les quatre planètes sont en orbite autour de l'étoile HR8799.

3
TW Hydrae, une jeune étoile proche du Système solaire, prise par le télescope ALMA, révèle les anneaux et les trous classiques qui mettent en évidence que des planètes sont en train de se former dans ce système.

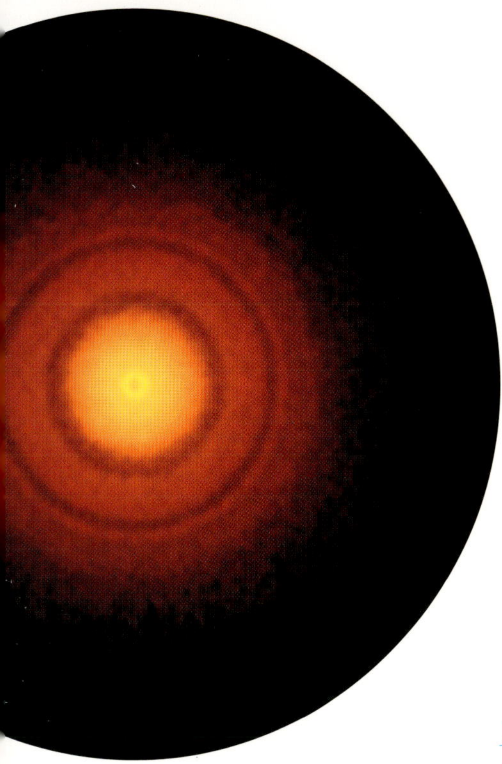

3

rement aux marques qui appartiennent à la lumière de l'étoile, la marque d'une planète va se déplacer. Nous pourrons alors l'identifier. La technique à expérimenter est simple. Au télescope, on prend d'abord l'image d'une étoile, éblouissante. On stoppe le mouvement du télescope, puis on reprend une image, on stoppe, on reprend et ainsi de suite, pendant une heure d'affilée.

Ensuite, il faut superposer les images et soustraire le signal aveuglant de l'étoile. Il ne devrait alors rester qu'une petite marque ayant bougé : celle de la planète que nous cherchions. Si cette méthode s'avérait concluante, nous venions de multiplier par un facteur 100 notre capacité de détecter des planètes en direct. C'est une idée toute bête, qui n'a rien coûté, que nous avons testée ensuite sur de grands télescopes.

Et en novembre 2008, notre équipe devenait la première au monde à discerner directement non pas une, mais trois planètes autour de l'étoile HR 8799, dans l'infrarouge, en utilisant deux télescopes très puissants ! Par la suite, une quatrième planète devait s'ajouter. Un véritable exploit.

Voyez son raisonnement. Lorsque nous observons un objet céleste au télescope, nous devons faire pivoter les instruments : la Terre tournant autour de son axe, les étoiles semblent se déplacer à travers le ciel. Pour arriver à les garder dans la ligne de mire du télescope, nous faisons tourner l'axe du télescope à la même vitesse que la Terre, mais dans la direction opposée. L'idée de Christian Marois a été d'arrêter le rotateur d'instrument un petit moment, puis de reprendre ensuite des images. Pourquoi ? Parce que contrai-

Pour la première fois de l'histoire de l'astronomie, nous pouvions véritablement "voir" de nos yeux – et non par calcul interposé – un autre système solaire ! Ce fut un grand moment dans nos vies d'astronomes. Nous sommes heureux de savoir que c'est sur le mont Mégantic, à partir d'instruments testés ici même, que nous avons réussi à trouver une façon de photographier directement la lumière ou brillance de ces planètes extrasolaires, ce qui permet de déterminer leur masse et leur composition.

C'était une étape décisive, mais il nous fallait poursuivre, aller plus loin. Avec le concours d'une équipe canado-américaine, et après plusieurs années de travail, nous avons réussi à adapter et installer notre dispositif sur un nouvel instrument très puissant : Gemini Planet Imager, au Chili.

Bien qu'Imager n'ait commencé à chercher des planètes géantes qu'en novembre 2014, dès le mois suivant nous avions repéré une première planète. Il s'agissait d'une planète gazeuse, du type de Jupiter. Elle est située à environ cent années-lumière de la Terre.

Ces premières images issues du télescope Gemini Planet Imager sont tout simplement splendides ! Ce sont les premières images directes jamais réalisées d'une exoplanète de cette dimension. Nous lui avons donné le nom de 51 Eridani b. Elle est un million de fois moins brillante que l'étoile autour de laquelle elle gravite et deux fois plus massive que Jupiter. Cette planète et son étoile ne sont âgées que de vingt millions d'années – des nourrissons par rapport aux 4,6 milliards d'années de notre système solaire. Mais la distance à son étoile est très similaire à celle de Jupiter par rapport au Soleil. C'est aussi l'exoplanète géante la moins massive et la plus froide que l'on connaisse, il y a une grande quantité de méthane dans son atmosphère... Bref, elle ressemble beaucoup à la planète Jupiter jeune. Elle a tout pour plaire aux chercheurs que nous sommes.

Je me répète : c'est la première fois que l'on photographie directement une exoplanète gazeuse, dont les caractéristiques sont véritablement semblables à celles des planètes géantes de notre propre système solaire, et non à une sorte d'étoile avortée. En effet, les nombreuses planètes de type gazeux que nous avions repérées jusqu'alors pourraient être des étoiles ratées plutôt que des planètes. Cette découverte va nous aider à mieux comprendre la formation de notre propre système planétaire. Et qui sait, à mieux comprendre notre place dans l'Univers.

Quand nous poursuivons ces recherches d'exoplanètes, il devient facile d'imaginer que des civilisations extraterrestres – si elles existent – auront autant de difficulté que nous à détecter la présence de notre Terre, mais aussi, la présence de la vie. Faire de l'astronomie, c'est prendre la mesure de la véritable place de la planète Terre dans l'Univers.

Notre chère planète, ce n'est même pas le bout du bout d'un bout d'une extrémité d'un infiniment petit bout de grain de poussière ! Et, sur ce nanograin de poussière, il y a plus de 7 milliards d'habitants, qui s'amusent à empoisonner l'atmosphère. Il va falloir beaucoup de choses pour sauver notre planète. Mais ce dont je suis absolument certain, c'est qu'il faut enseigner l'astronomie pour la sauver. C'est une bonne façon de mesurer l'importance de ce petit vaisseau spatial qu'est la planète sur laquelle nous vivons. »

Vue d'artiste de la planète 51 Eridani B, une exoplanète de type Jupiter, mais très jeune.

Double page suivante

Vue d'artiste. En 2016, les scientifiques de la NASA travaillant avec le satellite Kepler ont confirmé la découverte récente de 1 284 nouvelles exoplanètes, dont neuf seraient peut-être habitables. Un trésor !

Nous quittons René Doyon et l'observatoire du mont Mégantic, toujours enfoui sous la première neige. Nous y avons vu que, tout comme dans la nature, les grands ont besoin des petits. Grâce à ce groupe de chercheurs passionnés d'instrumentation, ce petit observatoire sert de banc d'essai à des expériences majeures pour l'avenir de l'astronomie. René Doyon et ses anciens étudiants, maintenant pleinement en charge d'autres observatoires, témoignent du fait que le manque de moyens peut stimuler l'ingéniosité des chercheurs et être à l'origine de grandes découvertes.

Jean-Pierre:

Pourquoi ne pas imaginer que parmi les quelques milliers de planètes qui sont en orbite autour des quelques milliers d'étoiles autour du Soleil, il puisse y avoir une civilisation avancée? Peut-être des extraterrestres sont-ils en train de nous écouter? Qu'est-ce qu'ils écoutent? Pourquoi pas nos émissions de radio et de télévision, que nous émettons dans l'espace depuis près d'un siècle?

S'ils suivent nos émissions de télé-réalité ils risquent de ne pas se faire une bonne opinion de nous! Nous savons que ces ondes électromagnétiques, qui voyagent à la vitesse de la lumière, ont déjà parcouru presque cent années-lumière, sans jamais être interrompues. Elles ont dû atteindre à peu près 15 000 étoiles du voisinage solaire. Peut-être qu'autour de ces étoiles, l'une des planètes habitées par une civilisation «intelligente» a capté ces signaux et les a compris. Tout comme nous, les humains, qui essayons de capter d'éventuels signaux radio émis par des civilisations avancées. Il y a maintenant cinquante ans que nous avons mis au point le fameux programme de recherche SETI – Search for Extra-Terrestrial Intelligence. Au moyen des nombreux et puissants radiotélescopes comme celui d'Arecibo, des chercheurs analysent constamment les ondes radio captées pour tenter d'y détecter des messages codés. Nous n'avons encore rien trouvé. On peut d'ailleurs se demander si une intelligence extraterrestre existe, et si elle est bien plus évoluée, souhaiterait-elle entrer en contact avec nous?

Hubert: Nous sommes ici réduits à des opinions personnelles. Je vais vous donner mon opinion, même si je n'ai aucun argument scientifique pour la défendre. Mon intuition, c'est que la vie, telle que nous la connaissons, et même la vie intelligente, est un phénomène très répandu dans l'Univers. Je soupçonne qu'il y a des millions, sinon des milliards de groupes, qui font des recherches et préparent des émissions de télévision dans lesquelles des êtres vivants discutent pour savoir s'ils sont seuls dans l'Univers. Pourquoi? Voici ma proposition, qui vaut ce qu'elle vaut, et, je le répète, n'a pas de fondement scientifique.

Grâce aux observations de grands télescopes aussi bien qu'à celles de puissants microscopes, nous avançons rapidement dans l'exploration de notre univers dans toutes ses dimensions. Or, une propriété du cosmos est de plus en plus manifeste: sa grande homogénéité. On retrouve cette homogénéité à la fois dans le monde des grandes structures – les étoiles, les galaxies, les amas de galaxies – et dans les microstructures: les atomes, les molécules, les particules élémentaires.

Pour mieux le comprendre, imaginons trois fenêtres de tailles différentes. Actuellement, nous avons découvert ce qui se cache derrière deux d'entre elles. Commençons par ouvrir ce que nous appellerons la « grande fenêtre ». Grâce à nos puissants outils d'observation, nous pouvons étudier le monde au niveau des structures de grandes dimensions. Nous constatons que l'Univers est une sorte d'archipel dont les îles sont les galaxies. Dans ces galaxies, on observe une multitude d'étoiles. Notons que, d'une galaxie à l'autre, les astres montrent de grandes similitudes, aussi bien dans leur évolution que dans leur forme. Par cette grande fenêtre, nous voyons donc que de chez nous jusqu'à des milliards d'années-lumière la « nature » s'organise à très grande échelle de manière assez homogène. C'est un peu partout passablement – mais pas exactement – pareil.

Ouvrons maintenant la « petite fenêtre ». Au moyen de spectroscopes de haut calibre, nous pouvons faire une analyse fine de la lumière en provenance de toutes les régions du cosmos. Nous pouvons observer et répertorier méticuleusement les populations d'atomes et de molécules qu'ils contiennent. Or nous y retrouvons exactement les mêmes atomes et les mêmes molécules que dans nos laboratoires de physique terrestre. Un fait est absolument remarquable: aucun atome inconnu sur la Terre n'a été détecté dans le ciel, jusqu'aux limites du cosmos observable. Là encore, il y a une grande homogénéité.

La radioastronomie nous a aussi révélé la présence, dans l'espace interstellaire, de molécules qui contiennent un nombre important d'atomes de carbone. Or, le carbone semble être sur la Terre un élément de choix de ce que nous appelons les « briques élémentaires », qui sont un prélude à l'apparition de la vie.

Nous observons, de plus, que toutes ces structures obéissent exactement aux mêmes lois qui régissent leurs formes et leurs évolutions. Mais nous n'avons pas encore ouvert la troisième fenêtre, la fenêtre moyenne, celle qui s'ouvrirait sur des structures de dimensions « intermédiaires » entre les atomes et les galaxies. Celle qui correspondrait vraisemblablement aux organismes vivants, des virus aux baleines. Cette fenêtre moyenne nous est encore fermée, d'où notre impossibilité aujourd'hui de savoir si la vie existe ailleurs que chez nous.

Cependant, si l'on tient compte des grandes similarités que l'on a observées aussi bien dans les macrostructures – les étoiles, les galaxies, les amas de galaxies – que dans les microstructures – les atomes, les molécules –, on peut supposer que les structures intermédiaires présentent des analogies avec celles qui nous sont familières sur la Terre.

Les formes vivantes présenteraient sans doute une grande diversité mais les caractéristiques communes resteraient vraisemblablement nombreuses. Cette dernière idée est d'ailleurs renforcée par la nécessité pour les vivants de satisfaire aux exigences de la physiologie : se nourrir, se défendre, se reproduire et tout le reste. C'est en ouvrant un jour cette troisième fenêtre (par les radiotélescopes ?), que nous découvrirons peut-être… la présence de vie extraterrestre.

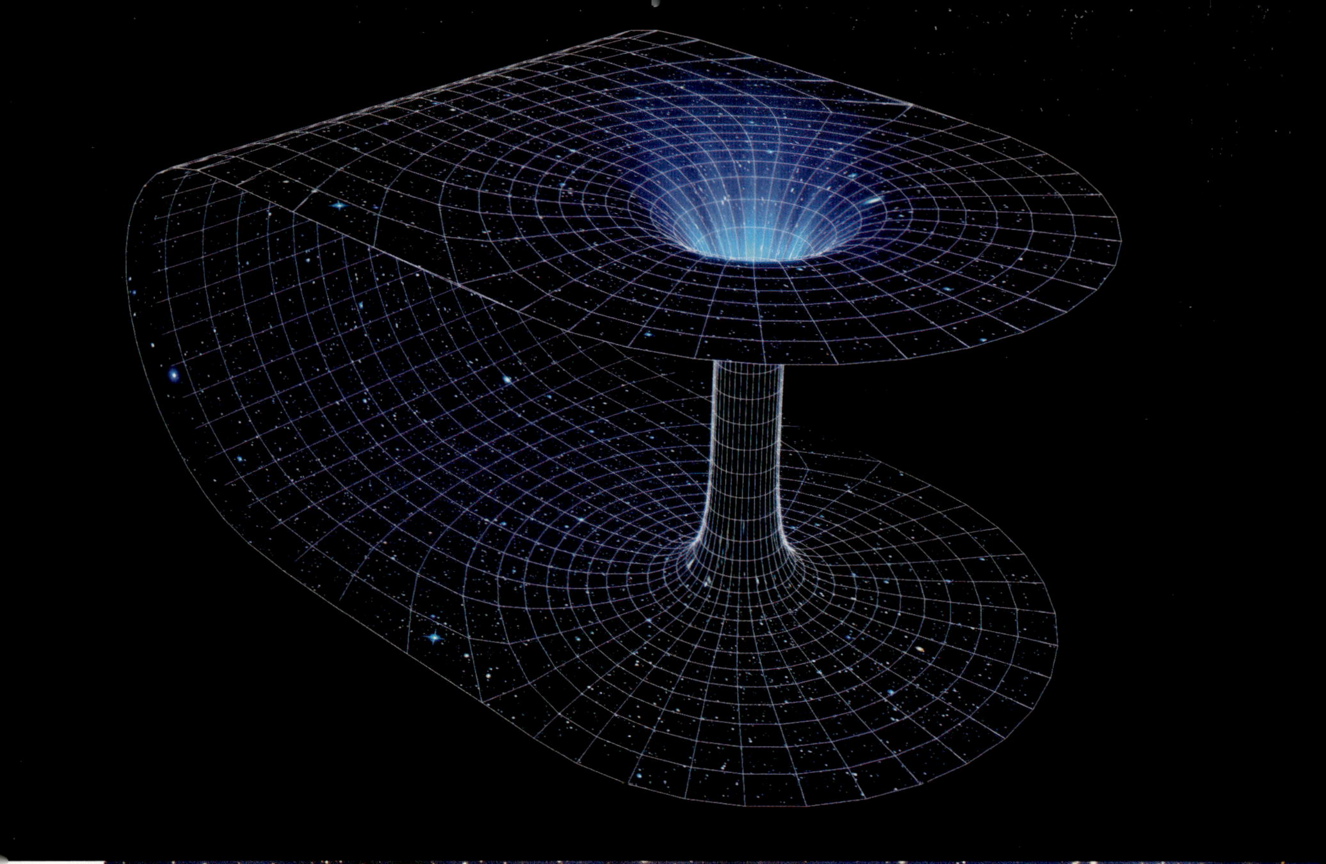

1

1
Le principe du voyage dans un «trou de ver».

2
Tourbillon de gaz et de poussières dans le Grand Nuage de Magellan, vu par le télescope spatial Hubble.

En tout cas, cet argument est plausible. Chacun peut y croire ou ne pas y croire, moi je le trouve assez intéressant.

Jean-Pierre: Imaginons le jour où nos instruments repéreront une planète habitable autour d'une autre étoile. Imaginons même que nous y détections de la vie intelligente! N'est-il pas certain que nous voudrons immédiatement contacter ces êtres lointains? Ce qui me désole et qui m'obsède, c'est que nous serons freinés par l'énorme difficulté que nous aurons à nous rendre sur place. Les distances à franchir sont presque inconcevables. Prenons un exemple. La vitesse de la lumière, utilisée pour les télécommunications et l'Internet, est extrêmement rapide: 300000 kilomètres par seconde. La communication est, pour ainsi dire, instantanée à l'échelle de notre planète. Mais à l'échelle de l'Univers, la lumière est un véritable escargot. Elle met des milliards d'années pour aller d'une galaxie éloignée à une autre galaxie. En ce moment, nous envoyons des sondes spatiales comme *Voyager*, qui font du 180 000 kilomètres à l'heure. Même à cette vitesse, qui peut nous sembler grande, il faudra 40000 ans pour que *Voyager 1* atteigne Proxima du Centaure, l'étoile la plus proche. C'est dire que si l'on s'en tient aux moyens traditionnels, nous

2

3

Alors rêvons un peu. Peut-on imaginer de façon un peu plus sérieuse la possibilité de voyager vers les étoiles, en des temps raisonnables? Il se trouve que la théorie de la relativité générale d'Einstein offre une possibilité qui semble extrêmement proche de la science-fiction. Pourtant, elle possède une réalité mathématique, c'est la solution dite du «trou de ver».

resterons à jamais confinés dans l'infinitésimale région de l'Univers qu'est notre système solaire. On se souvient des trous noirs. Ils résultent de l'explosion d'une étoile colossale, qui forme en son cœur un véritable puits de gravitation dans le tissu élastique de l'espace et du temps. Mais qu'y a-t-il au fond du puits? Dans la solution la plus simple, ce fond est bouché par un nœud infranchissable, de courbure infinie. Einstein et d'autres chercheurs ont imaginé et calculé la possibilité que le fond du puits ne soit pas bouché.

La nébuleuse de la Tête de Cheval dans la constellation d'Orion, une véritable pouponnière d'étoiles.

Qu'au bout de ce tunnel se trouve en fait une ouverture vers une autre région de l'espace-temps, voire un autre univers. Cette connexion hypothétique a été baptisée «trou de ver». Ce nom étrange a été inspiré par l'image suivante: sur une pomme, qui depuis Newton symbolise la gravitation, un petit ver qui veut aller d'un côté à l'autre de la pomme n'a pas à en faire le tour complet, il n'a qu'à creuser un trou. C'est un raccourci. Les modèles mathématiques de trou de ver sont encore hypothétiques, mais ils permettent d'envisager sérieusement l'idée qu'il puisse exister des raccourcis pour voyager dans l'espace-temps. Prenons un exemple précis. Nous décidons de rejoindre Sirius avec un vaisseau spatial – Sirius est une grosse étoile, située à une vingtaine d'années-lumière.

Supposons que des planètes gravitent tout autour et dirigeons-nous vers l'une d'entre elles, qui est habitée. Pour y arriver, imaginons qu'il existe une porte des étoiles, c'est-à-dire un trou noir, dans les parages du système solaire. Notre vaisseau spatial plonge dans le trou et emprunte le raccourci du trou de ver. Il en ressort tout au bout par une «fontaine blanche», qui est l'extrémité symétrique du trou noir. Nous arrivons ensuite sur la planète habitée de Sirius. Quand on calcule le temps du trajet, avec toutes les variables nécessaires à cette équation, on est stupéfait de s'apercevoir qu'on pourrait faire ce voyage de 20 années-lumière en seulement une heure! On n'est pas allé plus vite que la lumière, on a simplement emprunté un raccourci dans l'espace-temps. En fin de compte, il se pourrait que la nature nous offre la possibilité de réaliser des voyages de ce type-là, qui nous permettraient de sortir de notre galaxie et d'explorer la totalité de l'Univers. C'est pour moi quelque chose d'absolument fascinant. À ce sujet, le film *Interstellar*, sorti en 2014, a fait rêver des millions de spectateurs. L'idée d'emprunter un trou de ver pour déboucher sur un système planétaire lointain hante plusieurs de mes rêves, même si je sais qu'en pratique on aurait plus de chances de se faire écraser au milieu. Alors je propose de faire une «expérience» de pensée, comme le disait Einstein, et de traverser un trou de ver pour déboucher sur un système planétaire lointain.

Hubert: J'accepte! Imaginons que notre rêve s'est réalisé et que nous avons réussi à traverser un trou de ver sans trop de problèmes. Maintenant, nous arrivons près d'une autre étoile, qui peut être Véga ou Sirius, et nous nous apprêtons à atterrir sur l'une des planètes présentes autour de cette étoile. Que serait-il intéressant de découvrir? Voilà toute la question des planètes habitées.

Nous risquerions de nous trouver face à deux cas de figure. Dans un premier cas, nous trouverions des planètes couvertes de débris radioactifs ou de détritus, qui seraient le résultat désastreux de civilisations qui n'auraient pas été capables de gérer leur puissance. Dans un second cas, au contraire, nous découvririons des planètes vertes, en pleine santé, dont les habitants auraient réussi à coexister avec leur puissance, à l'utiliser pour le bien de la société et non pour s'autodétruire.

En effet, la question se pose. Quelle est la viabilité d'une civilisation évoluée comme la nôtre, ayant atteint un niveau technologique important, ayant dominé la matière, ayant dominé l'énergie nucléaire? Pareille civilisation n'est-elle pas nécessairement amenée à s'éliminer? Comment les autres civilisations, si elles existent, ont-elles traversé ce qu'on peut appeler cet examen de passage que nous sommes en train de vivre? Comment sont-elles parvenues à gérer leur puissance sans se détruire? J'aimerais bien

Vue d'artiste d'une exoplanète. Si nous allions vers d'autres cieux, que trouverions-nous? Des planètes en «bonne santé» ou des planètes ruinées par leurs habitants?

poser quelques questions aux habitants des planètes qui auraient réussi cet examen. On pourrait leur demander, par exemple: Qu'avez-vous fait au moment où vous avez atteint le niveau auquel nous nous sommes rendus aujourd'hui, nous, habitants de la Terre? Pouvez-vous nous donner de bons conseils pour nous assurer que notre planète va demeurer habitable? Comment avez-vous réussi? Parce que chez nous, on a de gros problèmes... Ce rapport entre l'astronomie et l'écologie, pour moi, s'impose. Pourquoi? Parce que l'astronomie et les sciences en général nous apprennent comment nous en sommes venus à être ici aujourd'hui. Elles répondent à la question: D'où venons-nous? Tandis que l'écologie nous dit comment y demeurer d'une façon convenable. Ce sont les deux faces d'une même médaille.

Jean-Pierre:

La découverte la plus importante que l'on pourrait faire au XXIe siècle serait d'avoir la certitude que la vie existe ailleurs dans l'Univers. Je crois que cette ambition pourrait être satisfaite dans les années qui viennent. Les recherches qui le permettront feront appel à des technologies dont on n'aurait pas rêvé il y a vingt ans à peine.

1
Vue d'artiste d'une planète rocheuse de la taille de la Terre dans une zone habitable de son étoile.

2
Le 18 décembre 2012, la NASA a publié une toute nouvelle photographie du globe terrestre vu par la sonde Lunar Reconnaissance Orbiter depuis la Lune. Elle a capté son sujet en pivotant sur elle-même pour compenser ses déplacements, puis l'image a été retravaillée par les experts. C'est la seule planète habitable que nous connaissons pour l'instant.

Double page suivante
Nous pouvons croire que nous ne sommes pas seuls à rêver devant le cosmos.

ÉPILOGUE

MIDI. LE GRAND JARDIN BAIGNE DANS LA SPLENDIDE LUMIÈRE DE NOTRE ÉTOILE. HUBERT ET JEAN-PIERRE, NOS GUIDES, SENTENT LE BESOIN DE SE DÉLIER LES JAMBES. LA CAMPAGNE LEUR OFFRE DE LONGS SENTIERS BORDÉS D'ARBRES, REMPLIS DE CAMOMILLE ODORANTE ET DE CHANTS D'OISEAUX.

À l'horizon, derrière les cultures de blé et de luzerne, un petit village, un clocher, un cimetière où les mots s'effacent sur les pierres tombales, derniers vestiges des «regrets éternels». Depuis le moment où l'être humain a posé le regard sur l'immensité du ciel, la question de l'origine du monde a été le domaine du mythe et de la religion. Ce n'est que depuis quatre siècles que se développent les instruments qui permettent de faire de cette interrogation une activité scientifique.

Or, depuis les débuts de l'exploration spatiale, en 1959, nous avons appris davantage sur le Système solaire et les origines de l'Univers, en une seule génération de chercheurs – dont font partie nos guides, Hubert et Jean-Pierre qu'en quarante siècles. Munis d'outils ultra-sensibles, les chercheurs fouillent au-delà du visible, entendent le chant des étoiles, sentent, auscultent et décortiquent à distance le moindre objet du cosmos. Là où tout semblait immuable, ils ont découvert une évolution titanesque ; là où ils entrevoyaient des copies, ils ont trouvé des prototypes ; là où semblait régner le calme, ils ont découvert un dynamisme cataclysmique nécessaire à la vie. De grandes énigmes demeurent : la matière noire, l'énergie sombre, le fond des trous noirs, l'origine et la fin de l'Univers.

Hubert: Cependant, la plus grande découverte des cent dernières années, c'est que notre univers a une histoire. Que les êtres humains sont le résultat d'une évolution de l'Univers tout entier. Cette histoire, depuis le Big Bang, est celle d'une complexité croissante. Elle commence avec des particules élémentaires, des atomes, puis des étoiles, des galaxies, des systèmes planétaires.

La vie apparaît, des cellules évoluent progressivement jusqu'à l'homme, qui possède une intelligence plus développée que toute autre espèce. Nous mène-t-elle à la catastrophe ? En ce moment, la biodiversité est menacée au point où la vie, non pas toute la vie, mais celle de l'humanité, pourrait bien disparaître.

> *Il est devenu crucial de nous persuader collectivement que rien ne peut plus continuer comme avant. Il s'agit de notre avenir sur la Terre, la seule planète habitable, pour l'instant. Ici et aujourd'hui, ce qui est passionnant, c'est de relier notre existence à des phénomènes qui se sont passés à des dimensions gigantesques, pendant des durées gigantesques, de prendre conscience que tout cela fait partie de notre propre histoire et que nous sommes responsables de la suite.*

Jean-Pierre: Plus encore que de découvrir d'autres êtres vivants dans le cosmos, je désire découvrir d'autres êtres conscients. S'il y a bien un phénomène qui me fascine, qui constitue à mes yeux presque un miracle, non pas au sens religieux du terme, mais au sens de prodige, c'est celui de la conscience. Nous avons un cerveau qui commence à analyser l'environnement de façon extrêmement performante. J'estime que l'apparition de la conscience demeure le plus grand mystère. Mon penchant métaphysique me porte à faire l'hypothèse que la conscience doit émerger naturellement au cours de l'évolution cosmique, non seulement sur terre, mais ailleurs dans le cosmos. Pas partout, bien sûr, mais dans quelques endroits privilégiés, qui par le hasard des choses ont réuni des conditions optimales. Peut-être ces consciences extraterrestres se révéleront-elles supérieures à la nôtre. C'est même à espérer !

Notre aventure en compagnie de Hubert et de Jean-Pierre se termine. Nous savons désormais que nous sommes partie prenante de l'histoire du cosmos, des «poussières d'étoiles», et que nous vivons en contact direct, quotidien, avec les événements qui s'y déroulent. À chaque instant de notre vie, des milliards de neutrinos en provenance du cœur du Soleil nous traversent. Chaque année, 40 000 tonnes de poussière cosmique, venue du fond des âges, tombent sur la planète, et ce sont les météorites qui ont façonné les paysages que nous habitons.

Grâce aux sondes spatiales, qui ont projeté le génie humain hors de son nid, le grand voyage à l'extérieur de notre système solaire a déjà commencé. Il ne fait aucun doute que nous sommes à l'aube d'une ère nouvelle, inédite dans l'Histoire. Le violent désir qu'a notre espèce de repousser les frontières, de défier ses propres limites, est à l'œuvre. Nulle part ailleurs n'est-il plus manifeste que dans cette quête de compréhension de l'Univers. Les retombées scientifiques et philosophiques de cette aventure sont considérables.

Après avoir découvert que la Terre n'est pas le centre de monde, que la Voie lactée n'est pas l'Univers, que cet Univers a une histoire et qu'il aura une fin, il nous faut résoudre la question qui nous obsède : sommes-nous seuls dans cet Univers incommensurable ? Quelle que soit la réponse, elle transformera à jamais notre façon de voir la vie.

Voilà bien pourquoi, concluent ensemble Jean-Pierre Luminet et Hubert Reeves, pour nous, l'essentiel reste à découvrir. Un horizon presque infini s'ouvre devant nos yeux émerveillés.

L'image profonde du cosmos la plus grande jamais réalisée dans l'infrarouge, avec un temps de pose effectif total de 55 heures. Plus de 200 000 galaxies ont été identifiées sur cette image.

Double page suivante

Une surprenante image composite d'une nébuleuse autour de l'amas d'étoiles NGC 1929, dans le Grand Nuage de Magellan. Un exemple de ce que les astronomes appellent une «superbulle». Celle-ci est sculptée par les vents provenant d'étoiles jeunes et brillantes et par les ondes de choc résultant d'explosions de supernovae.

© Optical: ESO, X-ray: NASA/CXC/U.Mich./S.Oey, IR: NASA/JPL

REMERCIEMENTS

de Iolande Cadrin-Rossignol

Jeanne Barzilaï-Boratav, notre éditrice, a eu l'intuition de me demander de faire un livre à partir de mon film : *Du Big Bang au vivant*. Ce processus d'écriture inversé m'a donné l'occasion de réfléchir profondément sur la nature des deux médias et je désire lui exprimer ma vive gratitude pour son inspiration et son soutien sans faille.
Au cœur du film et du livre se trouvent deux personnes clés, deux communicateurs de génie : Jean-Pierre Luminet et Hubert Reeves. C'est un rare privilège et un bonheur que de les fréquenter et d'évoluer dans leur sillage. Je les remercie de leur générosité, de leur appui constant. Leurs œuvres sont pour moi une source d'émerveillement intarissable. Annie Baglin, Nobert Bartel, René Doyon, Richard Ellis, Ian Shelton, Edward C. Stone, des scientifiques exceptionnels, ont joint leur voix à ces dialogues avec une magnifique éloquence. Je remercie également la graphiste Caroline Keppy pour son très beau travail, et les éditions Robert Laffont, qui nous ont permis de réaliser le livre dont nous rêvions.

À l'origine, *Du Big Bang au vivant* est un ambitieux projet multiplateforme francophone, dédié à la cosmologie contemporaine. Long métrage de cinéma, série télévisée, DVD, CD, site Web, applications mobiles, cette œuvre complexe fut le résultat d'un travail intense. Je tiens à mentionner les producteurs enthousiastes et prodigues, Jean-Yves de Banville et Jean Huppé et le coréalisateur inspiré, Denis Blaquière. Mais je m'en voudrais d'oublier l'équipe de conception du site Web en trois volets, dirigée par Jean-Christophe Yacono (YACO) et Marie-Dominique Michaud. Que tous et toutes soient vivement remerciés à nouveau.
Enfin, cette aventure, depuis le simple projet de film jusqu'à la publication de ce livre, dure depuis plus de dix ans. Je remercie de leur appui mon conjoint, Jean-François Beaudin, et Paul Cadrin, Thérèse Cadrin-Petit, et Christine Cadrin-Pelletier, qui m'ont accompagnée affectivement et intellectuellement tout au long de cette aventure.

devenu directeur des Caltech Optical Observatories de 2000 à 2006. En 2007, il a partagé le prix de cosmologie de la Fondation Gruber pour son rôle dans la découverte de l'accélération de la fuite des galaxies. Maintenant lié au département d'astronomie de UCL (University College London), où il est professeur, Il est basé à Munich, où il joue un rôle déterminant dans la réalisation du projet Thirty Meter Telescope.

Ian Keith Shelton est un astronome canadien, célèbre pour avoir découvert la supernova SN 1987A, première supernova visible à l'œil nu depuis près de quatre siècles. Il était alors en poste à l'observatoire de Las Campanas, au Chili, à titre d'astronome résident de l'université de Toronto (Southern Observatory). Après ses études graduées, il travaille dans plusieurs observatoires à travers le monde, notamment à l'observatoire Subaru à Hawaï, à l'observatoire David Dunlap de Toronto, à celui de l'université Athabasca, au nord d'Edmonton, et à l'observatoire MMT, en Arizona. Il enseigne l'astrophysique à l'université de Toronto. Il est marié à l'astronome Tuba Koktay.

Edward C. Stone est un physicien de renommée internationale, responsable scientifique du programme *Voyager* de 1972 à nos jours. Il a coordonné les efforts de onze équipes scientifiques dans leurs enquêtes sur Jupiter, Saturne, Uranus et Neptune. Sous sa gouverne, on a vu se réaliser la mission *Galileo* vers Jupiter, le lancement de *Cassini* vers Saturne, le lancement de *Mars Global Surveyor*, une nouvelle génération de satellites des sciences de la Terre et l'atterrissage réussi de Mars *Pathfinder* en 1997. De nombreuses distinctions couronnent sa carrière.

DES MÊMES AUTEURS

Iolande Cadrin-Rossignol

(Comme réalisatrice)
La Revanche des jeux vidéo, (film documentaire coréalisé avec Doïna Harap), 2015
Du Big Bang au vivant, (film documentaire coréalisé avec Denis Blaquière), 2011
Hubert Reeves – conteur d'étoiles, (documentaire), 2003 (DVD aux Éditions Montparnasse).
Sectes, mensonges et idéaux, (série documentaire), 1996
Contes des mille et un jours ou Jean Desprez, (docu-fiction), 1986
Rencontre avec une femme remarquable : Laure Gaudreault, (docu-drame), 1983
Musique outre-mesure, (court métrage), 1982
La Tradition de l'orgue au Québec, (documentaire), 1979
Thetford au milieu de notre vie, (coréalisation), 1978
Un pays, un goût, une matière, (série documentaire), 1976
L'Amour quotidien, (série dramatique), 1974
La question que je me pose, (court métrage), 1973

Jean-Pierre Luminet

L'Univers en 100 questions, Tallandier, 2015
Ulugh Beg : l'astronome de Samarcande, J.-C. Lattès, 2015
Un trou énorme dans le ciel, Bruno Doucey, 2014
Astéroïdes : la Terre en danger, Le Cherche Midi, 2012
La Nature des choses, Le Cherche Midi, 2012
Illuminations, Cosmos et Esthétique, Odile Jacob, 2011
Les Bâtisseurs du ciel, Romans, (œuvre complète), J.-C. Lattès, 2010
Les Bâtisseurs du ciel Vol. 4, *La perruque de Newton*, J.-C. Lattès, 2010
« Le Livre de poche » n° 32 405, 2011
Bonnes nouvelles des étoiles, (en collaboration avec Élisa Brune), Odile Jacob, 2009
« Poches Odile Jacob », 2011
L'Infini. Espace, nombres, matière, 40 minutes pour comprendre le siècle, De vive voix limited, 2009
Les Bâtisseurs du ciel Vol. 3, *L'œil de Galilée*, J.-C. Lattès, 2009
« Le Livre de poche » n° 31 946, 2010
La Forme de l'Univers, 40 minutes pour comprendre le siècle, De vive voix limited, 2008
Les Bâtisseurs du ciel Vol. 2, *La discorde céleste*, J.-C. Lattès, 2008
LGF, « Le Livre de poche » n° 31251, 2009
L'enfant qui voulait voir l'invisible, Gallimard, « CIRCO DVD », 2007
Les Bâtisseurs du ciel Vol. 1, *Le secret de Copernic*, J.-C. Lattès, 2006
LGF, « Le Livre de poche » n° 30 924, 2008
Le Destin de l'Univers, Trous noirs et énergie sombre, Fayard/Le Temps des Sciences, 2006, 2010
Gallimard, « Folio essais », 2 vol., 2010
De l'infini… Mystères et limites de l'univers, (en collaboration avec Marc Lachièze-Rey), Dunod/Quai des Sciences, 2005
Seuil, « Points Sciences » n° 188, 2009
De l'infini… Horizons cosmiques, multivers et vide quantique, Dunod, 2016 (édition entièrement révisée)
L'Invention du Big Bang, Seuil, « Points Sciences » n°158, 2004
Itinéraire céleste, Le Cherche Midi, 2004
Contes des premiers jours Jeunesse, (en collaboration avec Véronique Ataly) De vive voix limited, 2007

Le Feu du ciel
Météores et astéroïdes tueurs,
Le Cherche Midi, 2002
repris sous le titre
Astéroïdes, Seuil, « Points
Sciences » n° 167, 2005
Le Bâton d'Euclide,
*Le roman de la bibliothèque
d'Alexandrie*, J.-C. Lattès,
2002
LGF, « Le Livre de poche »
n° 30 422, 2009
L'Univers chiffonné,
Fayard, 2001, « Folio
essais », Gallimard, 2005
Les Trous noirs, Sciences
De vive voix limited, 2001
*Éclipses, Les rendez-vous
célestes*, (en collaboration avec
Serge Brunier) Bordas, 1999
Le Rendez-vous de Vénus,
J.-C. Lattès, 1999
LGF, « Le Livre de poche »
n° 15 201, 2001
Figures du ciel, (en
collaboration avec Marc
Lachièze-Rey), Seuil/
Bibliothèque nationale
de France, 1998
Les Poètes et l'Univers,
Anthologie (éd.),
Le Cherche Midi, 1996, 2012
La Physique et l'Infini,
(en collaboration
avec Marc Lachièze-Rey),
Flammarion, 1994
Noir Soleil,
Le Cherche Midi, 1993
Les Trous noirs, Belfond, 1987
Seuil, « Points Sciences »
n° 85, 1992
http://blogs.futura-sciences.com/luminet

Hubert Reeves

Les Secrets de l'Univers,
Bouquins, Robert Laffont, 2016
*La Petite Bédéthèque des
savoirs. Tome 2 : L'Univers,
créativité cosmique
et créativité artistique*,
(en collaboration avec
Claire Champion) Album
illustré par Daniel Casanave
Le Lombard, 2016
La Mer expliquée à nos petits-enfants, (en collaboration
avec Yves Lancelot), Seuil, 2015
*Là où croît le péril... croît
aussi ce qui sauve*, Seuil, 2014
« Point Sciences » n° 219, 2013
*L'Univers. Ce qu'on ne sait
pas encore*, (en collaboration
avec Anna Alter) Illustré
par Églantine Ceulemans,
Le Pommier, « Sur les
épaules des savants », 2013
Les Étoiles de Hubert,
(en collaboration avec
Dominique Dimey) Illustré
par Sébastien Chebret
CD audio, Les éditions des
Braques, 2013
L'Avenir de la vie sur terre,
Bayard culture, « Les petites
conférences », 2012
L'Univers expliqué en images,
(Album illustré), Seuil, 2012
La Petite Affaire jaune,
Elytis, 2011
*L'Univers expliqués à mes
petits-enfants*, Seuil, 2011
Images du cosmos, (en
collaboration avec Benoît
Reeves) DVD et Blu-Ray,
La Ferme des étoiles, 2010
Du Big Bang au vivant,
(en collaboration avec
Jean-Pierre Luminet, réalisé
par Iolande Cadrin-Rossignol
et Denis Blaquière) DVD
éditions ECP Montréal, 2010
Arbres aimés, (Photographies
de Jacques Very) Seuil, 2009
*Le Joli Monde d'Hubert
Reeves*, (en collaboration
avec Christophe Aubel et
Cécile Lena), Elytis, 2009
*Je n'aurai pas le temps,
Mémoires*, Seuil, « Science
ouverte », 2008
« Points Sciences » n° 205,
2012
*Petite histoire de la matière
et de l'Univers par Hubert
Reeves et ses amis*,
Le Pommier, 2008
Patience dans l'obscur,
(Photographies de Jacques
Very), Éditions Multimondes,
Montréal, 2007
*Chroniques des atomes et
des galaxies*, Seuil/France
Culture, 2007
*Réponses à des questions
fréquemment posées
De l'astronomie à la crise
écologique actuelle*,
Vol. 1 et 2 CD Spirit Music,
Metz, 2006
Chroniques du ciel et de la vie,
Seuil/France Culture, 2005
« Points Sciences » n° 191, 2011
Mal de Terre, (en collaboration
avec Frédéric Lenoir), Seuil,
« Science ouverte », 2003
et « Points Sciences » n° 164,
2005
*Hubert Reeves, conteur
d'étoiles*, (documentaire
écrit et réalisé par Iolande
Cadrin-Rossignol) Office
national du film canadien,
2002 DVD Éditions
Montparnasse, 2003
La Nuit, CD, éditions
De Vive Voix, Paris, 2001
Hubert Reeves par lui-même,
Stanké, Montréal, 2001
*Sommes-nous seuls dans
l'Univers ?*, (en collaboration
avec Nicolas Prantzos,
Alfred Vidal-Madjar et Jean
Heidmann), Fayard, 2000
LGF, « Le Livre de poche »,
2002
L'Univers, CD à voix haute
Gallimard, 2000
Noms de dieux, (Entretiens
avec Edmond Blattchen)
Stanké, Montréal, et Alice
éditions, Liège, 2000
*Oiseaux, merveilleux
oiseaux*, Seuil, « Science
ouverte », 1998
« Points Sciences » n° 154,
2003
Intimes Convictions,
(Entretiens), Paroles d'Aube,
1997, Stanké, 2001, La
Renaissance du livre, 2002
*La Plus Belle Histoire du
monde*, (en collaboration
avec Yves Coppens, Joël de
Rosnay et Dominique
Simonnet), Seuil, 1996
« Points » n° P897, 2001
*La Synchronicité : l'âme et la
science*, (en collaboration
avec Michel Cazenave,
Pierre Solié, Karl Pribam,
Hansueli F. Etter, Marie
Louize von Franz), Albin Michel,
« Espaces libres », 1995
*L'espace prend la forme de
mon regard*, (Photographies
de Jacques Very) Myriam
Solal, 1995 ; L'Essentiel,
Montréal, 1995, Seuil, 1999
« Points Sciences » n° 173,
2006
*Dernières Nouvelles du
cosmos*, Seuil, « Science
ouverte », 1994
« Points Sciences », n° 130,
2002 (nouvelle édition)
Compagnons de voyage,
(en collaboration avec
Jelica Obrenovitch),
Seuil, « Science ouverte »,
1992 (album illustré),
« Points » n° 542 (nouvelle
édition), 1998
Comme un cri du cœur,
(Ouvrage collectif),
L'Essentiel, Montréal, 1992
*Poussières d'étoiles. Hubert
Reeves à Malicorne*,
(Cassette vidéo 52 mn)
Vision Seuil (VHS SECAM),
1990
Malicorne, Seuil, « Science
ouverte », 1990
« Points Sciences » n° 179, 2007
L'Heure de s'enivrer, Seuil,
« Science ouverte », 1986
« Points Sciences » n° 84, 1992
Poussières d'étoiles,
(Album illustré), Seuil,
« Science ouverte », 1984
« Points Sciences » n° 100,
1994 et 2009 (nouvelle
édition) Point Deux, 2011
*Patience dans l'Azur
L'évolution cosmique*, Seuil,
« Science ouverte », 1981
« Points Sciences » n° 55,
1988 (nouvelle édition)
Soleil : histoire à deux voix,
(en collaboration avec
Jacques Very, Éliane
Dauphin-Lemierre et les
enfants d'un CES), La Noria,
1977 ; La Nacelle, 1990
Seuil Jeunesse, 2006
*Évolutions stellaire et
nucléosynthèse*, Gordon
and Breach/Dunod, 1968

CRÉDITS ICONOGRAPHIQUES

p. 6, 12, 48, 98, 126 Emmanuel Robert-Espalieu - p. 10-11 ESO - p. 19 NASA/JPL ; NASA - p. 20 *Du Big-Bang au vivant*, ECP Production - p. 21 NASA/JPL - p. 23 NASA/ESA/K. Retherford/SWRI - p. 24 NASA/JPL - p. 24-25 NASA - p. 26 NASA/JPL - p.27 NASA/JPL-Caltech ; NASA/JPL/STScl ; NASA/JPL-Caltech/University of Arizona/University of Idaho - p. 28-29 NASA - p. 32 Encyclopaedia Britannica/UIG via Getty Images - p. 33 ForWallpaper.com ; NOAO/AURA/NSF - p. 34-35 Bernard-Chollet Ricard (DR) - p. 35 Collection OBSPM, 1897/ Don Suzanne Debarbat, 2015 - p. 36 *Du Big-Bang au vivant*, ECP Production - p. 37 NASA - p. 38 CNES/D. Ducros - p. 40-41 Constantinos Emmanoulidis/ Miloslav Druckmüller, 2013 - P. 42-43 Espace pour la vie/Sébastien Gauthier (DR) - p. 44-45 ESO/G. Beccari/European Southern Observatory/AFP - p. 46-47 NASA/ESA - p. 50 Vadim Kurland - p. 50-51 STS-82 Crew/STScl/NASA - p. 53 NASA/JPL-Caltech/J. Stauffer (SSC-Caltech) - p. 54 NASA/Scott Kelly, astronaute ; Wikimedia Commons - p. 56-57 NASA - p. 58 CFA/Harvard-Smithsonian Center for Astrophysics - p. 59 NASA/ESA/ HEIC/and the Hubble Heritage Team (STScl/AURA) - p. 60 *Du Big-Bang au vivant*, ECP Production - p. 61 NASA/JPL-Caltech - p. 62-63 National Science Fondation/ Dave Finley/ NRAO/AVI/NSF - p. 64-65 NASA/JPL - p. 67 ESO/L. Calçada - p. 68-69 NASA/JPL-Caltech/University of Minnesota - p. 69 C. P. Rigel (DR) - p. 70-71 Tableau, anonyme, 1610 - p. 72 Collection particulière (DR) - p. 73 NRAO/AUI/NSF/GBT/VLA/Dyer, Maddalena & Cornwell, x-ray : Chandra x-ray - p. 74 ALMA (ESO/NRAO) A. Angelich. Visible light image : the NASA/ESA/Hubble Space - p. 75 ESO - p. 78-79 Super Kamiokande Collaboration, Japon - p. 80-81 NASA - p. 83 ESA/NASA - p. 86-87 ESA - C. Carreau - p. 88-89 Alain Riazuelo, IAP - p. 90 ESA/NASA, the AUO Projectet Paolo Padovani ; NASA/CXC/MPE/S. Komossa/Getty Images - p. 91 DR - p. 93 National Portrait Gallery, London, UK/Bridgeman Images ; F. Schnutze restoration, 1921 ; ESO - C. Carreau - p. 94 ESO/Digitized Sky Surrey 2 - p. 95 NASA/JPL - Caltech/WISE Team- p. 96-97 NASA, ESA et The Hubble SM4 ERO Team - p. 100-101 NASA - p. 103 PALOMAR/Caltech - P. 104 *Du Big-Bang au vivant*, ECP production - p. 105 NASA, JHU, Racah Institute of Physics the Hebrew University, STScl, UCO Lick Observatory, the ACS Science Team & ESA - p. 106 SPL/BSIP - p. 107 images 1 et 2 Collection particulière ; image 3 Johan Hagemeyer via Wikimedia Commons ; image 4 ESA ; image 5 NASA - p. 108-109 DR - p. 110-111 NASA (1962) - p. 111 Sipa Press/AP - p. 113 images 1 NASA/JPL-Caltech/ESA ; image 2 NASA/WMAP Science Team ; image 3 ESO - p. 114-115 ESO - p. 117 CERN, Patrice Loiez, 1999 ; CERN - p. 118-119 ESO/Y. Beletsky - p. 120 Rhys Taylor ; CERN - p. 121 ESO/M. Kornmesser - p. 124-125 David Kingham, 2012 - p. 128-129 DR - p. 132-133 DR - p. 133 University of Western Ontario - p. 134 DR - p. 135 Dr Cornel de Ronde, GNS Science Ltd - p. 136-137 William McCourt/Getty Images - p. 139 CNES/ESA, illustration D. Ducros - p. 140-141 NASA - p. 142 Parc national du Mont-Mégantic, M. Dupuis - p. 142-143 Observatoire du Mont-Mégantic, Sébastien Giguère - p. 144 ESO/Digitized Sky Survey 2. Acknowledgement : Davide de Martin - p. 146-147 NASA, ESA, et G. Bacon (STScl) ; W. M. Keck Observatory ; S. Andrew (Harvard-Smithsonian CfA) ; B. Saxton (NRAO/AUI/NSF) ; ALMA (ESO/NAOJ/NRAO) - p. 148-149 SETI Institute, Danielle Futselaar et Franck Marchis - p. 150-151 NASA/W. Stenzel - p. 154 SPL/BSIP - p. 154-155 ESA/Hubble - p. 156-157 Valère Perroud (DR) - p. 159 ESO - p. 160 NASA Ames/SETI Institute/JPL-Caltech - p. 161 NASA - p. 162-163 ESO/A. Fitzsimmons - p. 166-167 ESO/Utra VISTA Team. Acknowledgement : TERAPIX/CNRS/INSU/CASU - p. 168-169 Optical : ESO, x-ray : NASA/CXC : U. Mich/S. Oey, IR : NASA/JPL.

N° d'édition : 55596/01 –
N° d'impression : 14415
Dépôt légal : novembre 2016
Photogravure : Sphinx
Imprimé en France par Clerc 18200
Saint-Amand-Montrond